- 您还在感叹“不做终端促销痛心，做终端促销伤心”吗?
- 您想扭转不促不销、促而不销的被动局面吗?
- 您希望您的促销活动能使供求双方“情投意合”、和谐双赢吗?
- 本书将告诉您“小促销周周有，大促销月月搞，有节过节，无节造节”的奥秘!
- 获得本书就等于获得了一把促销利剑，让您的促销活动无往而不胜!
- 本书由实战经验丰富的营销专家撰写，将中国传统节假日和流行于中国的西方节日尽收其中，并归纳提炼出一年24个黄金节假日的促销要点和操作方案，既是促销策划与执行人员自学提升的实用宝典，更是企业规划与开展年度促销活动的经典指南。

王牌培训书系

著名营销教练 连锁实战专家

肖晓春 总主编

有节过节 无节造节 有促有销 边促边销

促销王

年度促销全案

66种促销创意 118个实操方案 365天火暴生意

★ ★ ★ ★ ★

广东省出版集团
广东经济出版社

图书在版编目（CIP）数据

促销王：年度促销全案 / 肖晓春总主编. —广州：广东经济出版社，2012.4

（王牌培训书系）

ISBN 978－7－5454－1193－5

Ⅰ.①促… Ⅱ.①肖… Ⅲ.①企业管理：销售管理 Ⅳ.①F274

中国版本图书馆 CIP 数据核字（2012）第 037285 号

出版发行	广东经济出版社（广州市环市东路水荫路 11 号 11～12 楼）
经销	全国新华书店
印刷	广东新华印刷有限公司（广东省佛山市南海区盐步河东中心路）
开本	787 毫米×1092 毫米　1/16
印张	18　2 插页
字数	322 000 字
版次	2012 年 4 月第 1 版
印次	2012 年 4 月第 1 次
印数	1～5 000 册
书号	ISBN 978－7－5454－1193－5
定价	39.00 元

如发现印装质量问题，影响阅读，请与承印厂联系调换。

发行部地址：广州市环市东路水荫路 11 号 11 楼

电话：(020) 38306055　38306107　邮政编码：510075

邮购地址：广州市环市东路水荫路 11 号 11 楼

邮购电话：(020) 37601950　邮政编码：510075

营销网址：**http：//www.gebook.com**

广东经济出版社常年法律顾问：何剑桥律师

· 版权所有　翻印必究 ·

购书赠送10倍培训费启事

“开单王特训营”——业界第一个零成本引爆销售、飙升业绩的实战培训课程，由“王牌培训书系”总主编、**“开单王教父”**肖晓春导师研创并领衔主讲。

凡读者购买“王牌培训书系”，参加**“开单王特训营”**课程公开班，凭有效购书票据，可抵扣所购图书零售价总额 ***10*** 倍的培训费用，每人每次抵扣的培训费最高不超过 ***1500*** 元或课程定价的 ***50%***。

凡企业团购“王牌培训书系”，预约**“开单王特训营”**顾问式培训定制课程，凭有效购书票据，可抵扣该批团购图书零售价总额 ***10*** 倍的培训费用，单次抵扣的培训费最高不超过 ***15000*** 元或课程定价的 ***50%***。

特别提示：为确保培训效果，**“开单王特训营”**每月只接受 1 家企业预约量身定制内训课程；每地市、每行业只授权 1 家代理机构作为公开课合作伙伴，公开课时间地点及合作咨询电话：020-28919699、28919799、18922131525。

王牌培训书系

编委会

编委会主任

丁　一：中国营销学会会长

刘文献：北京师范大学特许经营学院院长

总主编

肖晓春：智本家教育机构、智本家学院高级培训师
北京师范大学特许经营学院客座教授

编委会副主任

韦奇志：新海天集团董事长，中南民族大学客座教授

李建强：红星美凯龙全球家居连锁中原大区总经理

副总主编

郭光宇：广东省商业联合会培训部部长，智本家学院高级培训师

龚震波：智本家教育机构、智本家学院高级培训师

王颂舒：智本家教育机构、智本家学院高级培训师

叶素贞：智本家教育机构、智本家学院高级培训师

编　委

刘　建、肖朝阳、潘达光、邓小华、李依军、陈玉华、孙桂生、肖中华、林丽梅、何丽秋、肖建芳、刘少芝、丛　珊、李介明、林泽芬、叶艺明、肖艳芳、朗春敏、范利新、叶伟驱、林月好、肖建花、黄细娥、曾君连、肖海华

目录

王牌培训书系

前言：让你的节假日促销火暴起来

孙子曰："凡战者，以正合，以奇胜。"这一道理同样适合于商家的节假日促销大战。

据统计，在一年中不到1/3的节假日时间里，创造了1/2的营业额。商家在双休日的营业额一般是平时的1～3倍，而在春节、五一、中秋、十一、元旦等重大节日更是生意红火。因此，很多商家甚至把节假日称为忙碌、快乐的蜜月期。

然而，究竟是什么力量推动了这热热闹闹的节假日销售？商家各式各样、新颖别致的节假日促销活动无疑起到了巨大的作用。在节假日的促销活动中，消费者得到了实惠，而商家则得到了大笔利润。

对商家而言，每一个节假日的来临就意味着一个商机的到来。但随着假日经济的发展成熟，要想在竞争激烈的促销活动中脱颖而出，商家必须能够整合各种有效的促销工具，做到知己知彼、未雨绸缪，还要通盘打算，进行促销策划和创意，以奇招出其不意而制胜。

那么，一年之中，值得我们考虑并可以利用的节假日有哪些？该如何分析其促销关键点，又该怎样来策划和操作？有没有可以借鉴的成功经验或经典案例？

笔者在多年促销策划和实践体验的基础上，在研究了上百家企业和终端的促销策划与执行方案后，编写了本书。她以一年之中最有价值的24个黄金节假日主线，为广大业者提供了百多个经典而实用的促销方案和经典案例，以及与之相关的促销知识。

这些节假日包括：中国传统节日，如春节、元宵节、二月二龙抬头、清明节、端午节、七夕情人节、中秋节、重阳节；现代节日假日，如元旦、妇女节、消费者权益日、劳动节、五四青年节、儿童节、教师节、国庆节；西方经典节日，如情人节、母亲节、父亲节、万圣节、感恩节、圣诞节以及为企业、店铺的周年庆典等。

心动不如行动，一书在手，让整个年度的促销火暴起来！

第 1 章　元旦促销

元旦的由来与促销分析

元旦是庆贺新的一年开始的节日。欢度元旦是世界各国各地区的普遍习俗。元旦一到，我国城乡各地张灯结彩，大街小巷披上节日盛装，家家户户亲友欢聚，同贺新年；许多单位也会悬起“庆祝元旦”的巨幅标语，迎接新的一年。因此，元旦作为一年之首，是商家必争的促销佳节。

元旦的由来

公历一月一日即元旦。元，开始、第一之意；旦，早晨，太阳升起的意思。元旦，即一年开始的第一天。“元旦”一词，最早出自南朝梁人萧子云《介雅》诗：“四气新元旦，万寿初今朝。”

我国在辛亥革命以前，一直采用始于夏代的历法“夏历”纪年。“夏历”又称“农历”、“阴历”、“旧历”。元旦是一年之首，但将哪一天作岁首，我国历代却不一致。

《史记》上记载，夏代以正月初一为元旦，商代以十二月初一为元旦，周代以十一月初一为元旦，秦统一中国后定十月初一为元旦。到汉武帝时，又恢复到夏代的以正月初一为元旦，并一直延续了下来。

辛亥革命后，我国改用公历，孙中山先生为了“行夏正，所以顺农时；从西历，所以便统计”，将夏历的元旦称为春节，将公历的一月一日称为元旦。

1949年9月27日，中国人民政治协商会议第一届全体会议通过使用“公元纪年法”，12月23日又通过了《全国年节及纪念放假办法》，正式规定夏历正月初一为“春节”，公历一月一日为“元旦”，即新年。同时规定，元旦休假一天。

元旦作为一年的开始，也是我国一年中第一个法定的休假日，已经越来越受到人们的重视。在元旦这个节日里，人们兴致勃勃地参加各种文化娱乐活动，看戏、看电影、逛公园，电视台也会播放“元旦联欢会”之类的专题文艺节目，供人们观看。

◉元旦促销推荐商品

元旦是一年的开始，因此，此时的促销活动必须紧紧围绕一个“新”字，在促销主题的选择中，也要以“除旧迎新”、“新年纪念”等为主，提醒消费者此时的消费意义深远。

1．新年礼品

元旦来临，日历、历书、贺年卡片、年历画是商家必备的新年旺销商品，而精美、时尚的小饰品、象征新年新气象的各种小礼品，也会作为元旦的畅销品受到消费者的青睐。

2．婚庆用品

现在越来越多的情侣都会选择元旦作为其喜结连理的黄金佳期，因此，婚庆用品、结婚礼品如高档服装、烟酒等成为这一时段的宠儿。

3．换季服装

虽然冬天尚未过去，但元旦的到来已经让人感觉到春的气息，因此，这一时期也是出清冬季服装的大好时机，很多消费者会借新年促销打折来为自己添置心仪的冬装。

4．家用电器

新年伊始，无论年轻的伴侣还是年长的夫妇，都会为自己的新年添置一些有纪念意义的家用电器，比如换个大屏幕的彩电、买部新的手机等。

元旦促销2方案

方案1：迎新年，元旦狂欢送大礼

- 促销主题：迎新年，元旦狂欢送大礼
- 促销时间：12月20日—1月10日左右
- 促销目标：借新年的喜庆气氛，吸引新客户，扩大企业顾客群，提高市场占有率，增加商品销售额
- 促销形式：会员卡、礼品赠送促销
- 促销对象：所有成年顾客
- 促销项目：全部商品
- 促销内容：

促销POP

迎新年，元旦狂欢送大礼

亲爱的顾客朋友：

为了答谢您对本店的厚爱，在元旦到来之际，本店将举办“迎新年狂欢送大礼”活动。活动细则如下：

1. 凡在活动期间一次性消费满100元的顾客，可获赠普通会员卡一张，凭卡在本店购物可享受终生9折优惠；一次性消费满200元的顾客，可获赠银卡一张，凭卡在本店购物可享受终生8.5折优惠；一次性消费满300元的顾客，可获赠金卡一张，凭卡在本店购物可享受终生8折优惠。

2. 在活动期间加入本店会员的所有消费者，均可获得本店精美礼品一份。

3. 活动期间，在本店购物满100元的老会员，也可凭会员证获得本店精美礼品一份。

活动时间：12月20日—1月10日

◉方案操作说明（供促销策划与执行人员参考）

1. 促销工具

现场宣传海报、POP等：表明活动主题，烘托现场气氛。

入口处的大型看板：其内容包括促销的时间范围（12月20日—1月10日）、入会方式、入会须交纳的金额、所享受的优惠条件（如上所示）。

促销宣传单：大小约为A5，内容与促销宣传海报相同。在店门口及居民区、闹市、商场等地发放。

会员卡：制作材料可选用250g铜版纸等。

促销礼品：直接与生产厂家联系，省去中间渠道费用，降低成本价。

2. 费用预算

现场POP海报：单价×（　　）份=（　　）元

入口处大型宣传看板：（　　）元

促销宣传单：单价×（　　）张=（　　）元

会员卡：单价×（　　）张=（　　）元

报纸或其他方式的广告宣传：视情况而定

促销礼品费用：单价×（　　）份=（　　）元

温馨提示

在活动过程中，促销执行人员要注意如下事项：

- 赠品可视情况选择本店高毛利商品或能带给消费者厚实感的“价廉物重”商品（如纸杯、毛巾、小饰品等）。
- 有的消费者可能购物仅达98元或199元，如果出现这种情况，可酌情给予其赠品，不可因一点小利与消费者斤斤计较。让消费者买得舒心，是我们“永续经营”的法宝。

方案2：元旦购物，代金券帮您理财又省钱

- 促销主题：迎新年，元旦狂欢送大礼
- 促销时间：12月20日—1月10日左右
- 促销目标：借新年的喜庆气氛，吸引新客户，扩大企业顾客群，提高市场占有率，增加商品销售额

- 促销形式：代金券赠送促销
- 促销对象：所有顾客
- 促销项目：全部商品
- 促销内容：

促销 POP

元旦购物，代金券帮您理财又省钱

亲爱的顾客朋友：

为了答谢您对本店的厚爱，在元旦到来之际，本店将举办“迎新年狂欢送大礼”活动。活动细则如下：

1. 凡在活动期间一次性消费满 100 元的顾客，可获赠 20 元代金券一张；一次性消费满 200 元的顾客，可获赠 30 元代金券一张；一次性消费满 300 元的顾客，可获赠 50 元代金券一张。

2. 代金券可充抵现金在本店购买任何商品，代金券不能兑换现金（具体使用办法见代金券背面说明）。

活动时间：12 月 20 日—1 月 10 日

◉方案操作说明（供促销策划与执行人员参考）

1. 促销工具

现场 POP 海报：表明活动主题，烘托现场气氛。

入口处的大型看板：其内容包括促销的时间范围（12 月 12 日—1 月 10 日）、优惠条件、活动规则等（如上所示）。

促销宣传单：大小约为 A5，内容与促销宣传海报相同。在店门口及居民区、闹市、商场等地发放。

代金券：应以简单的文字将使用方法、限制范围、有效期限详细说明。

2. 费用预算

现场 POP 海报：单价 ×（　　）份 =（　　）元

入口处大型看板：（　　）元

促销宣传单：单价 ×（　　）张 =（　　）元

代金券：单价 ×（　　）张 =（　　）元

报纸或其他方式的广告：视情况而定

温馨提示

- 代金券促销时，代金券需印有本店印章，防止轻易伪造，同时要尽量避免出现误兑的情况。
- 为保证本店在消费者心中的商誉，及出现重复兑换的情况，代金券要及时回收。

元旦促销经典3案例

案例1："6年退款"，让你疯狂购物

1988年元旦来临之际，洛阳市的道北商店首发奇招，顾客在此店购买50元以上的商品，商店凭发票给顾客按年限退款。时逢元旦、春节两大节日，正是人们的购物高峰期，这一招使道北商店的营业额成倍增长。同时在全国引起了一阵"退款促销风"。一时间到处都在退款，6年一退，10年一退……

促销策划案

主办单位：洛阳市道北商店

活动目的：通过购货退款引消费者前来购物

活动对象：所有购买50元以上商品的消费者

活动内容：

凡在道北商店购买50元以上商品的消费者，商店凭发票给顾客按年限退款。退款期限分为3种，顾客可任选其一：

第一年退15%，第三年退50%，第六年退100%。

如此换算下来，顾客可以少花钱甚至不花钱就可以买到中意的服装。同时，为打消部分消费者的疑虑，商店宣布，实行退款制以后，所有服装一律按原价销售，绝不明退暗涨。

◉案例评析

"6年退款"这种促销方法，既是一种让利销售，也是一种有效的招徕顾客的方法，其实质是想吸引资金，又加快资金周转。正如道北店高经理所说："咱这是用顾客的钱做生意，向资金周转要效益。"

特别点评

从表面上看，这一促销方式没有让商店赚到钱，而事实上，商店相当于从顾客那里贷了一笔无息款。考虑到资金的周转次数，考虑到通货膨胀，考虑到目前资金紧张，贷款困难，考虑到利润可能高于15%，则这一做法更是有百利而无一害。

从借钱做生意这一角度看，道北的“6年退款”不但是奇招，也是高招。在银根紧缩、贷款较难的情况下，通过这种方法向消费者借钱，值得经营者借鉴。当然，怎么个“借”法，大可不必照搬照抄。

案例2：“喜悦”洋参喜悦对对碰

元旦来临之际，香港喜悦集团曾为旗下产品“喜悦”洋参推出了一次“喜悦对对碰，人人拿大奖”的促销活动。凡购买50元“喜悦”洋参的消费者都会得到一份精美礼品，还有机会获得包括价值5000元的钻戒在内的大奖。活动本身非常“热闹”，为新年增添了不少喜庆气氛。

促销策划案

主办单位：香港喜悦集团

活动目的：通过赠送奖品和幸运大奖吸引消费者前来购买

活动对象：所有购买“喜悦”洋参的消费者

活动内容：

消费者购买50元的“喜悦”洋参产品，即得到1张有编号的“喜悦酋长故事卡”，揭开后即可获得精美礼品1份，并可参加如下活动：

1. 持1号卡者若能找到持2、3、4、5号卡的消费者，每人将获赠一枚价值5000元的白金钻戒；

2. 持2号卡者若能找到持3、4、5号卡的消费者，每人将获赠价值500元的带坠黄金项链一条；

3. 持3号卡者若能找到持4、5号卡的消费者，每人可得“喜悦”洋参含片3盒及“喜悦”台历一份；

4. 持4号卡者若能找到持5号卡的消费者，每人可得到“喜悦”洋参含片2盒。

◉案例评析

本活动举办的60天以后，举办者又一次刊登了广告，并说明已经送出110枚价值5000元的白金钻戒、400条价值500元的黄金项链，足以表明这次促销活动的价值所在。

特别点评

有些企业的营销策划人员常会厌倦俗套的促销活动，或对那些结构简单的促销不屑一顾，而去追求更新鲜有趣、更与众不同、最好是从来没有人做过的活动。

的确，这种理念完全正确，因为只有新颖的促销活动才有可能引起人们的注意。但如果能把结构简单的促销活动设计的别具一格，同样可以达到期望的促销目的。

案例3："家乐"拼大运，惊喜赢大奖

新年伊始，人们正沉浸在祥和的节日气氛中。"家乐"公司推出"拼大运"有奖促销活动，口号是"刮一刮，拼一拼，好运即刻来。""家乐"公司以7万份大礼回馈消费者，为节日助兴。

促销策划案

主办单位：上海百仕福食品有限公司

活动目的：在良宵佳节，为消费者送上好运的同时扩大销售

活动对象：购买"家乐"调味品的消费者

活动内容：

凡活动期间，消费者购买任何一款"家乐"品牌的调味品，即可获得刮刮卡1张：

1．如果2张刮刮卡能拼出"人生美味"和"尽在家乐"即得5000元；

2．如果2张刮刮卡能拼出"家乐"和"大餐"，即可享受500元的免费大餐；

3．如果刮出红礼盒图案，即获开心奖一份。

◉案例评析

本次促销活动其实是一种刮刮卡拼文字游戏，旨在鼓励消费者多多购买，以增加中奖率。举办“促销游戏”活动，往往会由于游戏本身要求比较复杂，不易说明清楚，而难以使消费者理解。因此，最好能将活动作明了醒目的图示，让人一目了然。

特别点评

实际上拼图（或拼字）游戏之所以区别于普通的刮刮卡抽奖，是因为前者更直接、更简单、更易理解。要想与消费者进行有效沟通，就必须遵守“傻瓜原则”，即要把活动设计得连傻瓜也能看懂。

你问我答（相关知识链接）

“赠品促销”知多少

“赠品促销”就是指消费者购买产品的同时可得到一份非该产品的赠送品。比如方案1中，消费者在购买商品的同时，只要达到一定的消费标准，就可获得一份礼品或相应的会员卡；案例2中，消费者在购买商品的同时，则可以得到一张代金券。

1. 赠品促销的方式

一般而言，赠品促销多采用以下几种方式：

- 买多少金额的产品即获赠品；
- 跟随产品附送赠品，如买三送一；
- 买大包装产品送小包装产品；
- 赠送幸运彩券，定期开奖；
- DM传单截角赠送等。

此外，赠品可以配合广告及各项活动，例如和比赛、招待会、表演等同时举办，增加促销的效果，并且可以通过独家赠品来作为与竞争者差异化的工具。

温馨提示

尽量避免因赠品缺货而引发的顾客抱怨，若赠品数量有限，必须注明“限量××个，送完为止”，或“以等值产品代替”等字句。

赠品应选择品质优良的产品，不能为节省成本而降低赠品的品质，影响店铺和产品在消费者心中的地位。

2. 赠品的选择原则

“赠品促销”可以应用于多种场合，对付各种营销状况，如通过精美的赠品吸引消费者购买新产品、弱势产品，或鼓励老顾客重复购买等。

那么，促销策划与执行人员在选择“赠品”时，该遵循哪些原则呢？

总原则：以家庭主妇、儿童为对象的赠品，可以较大程度地增加商品的销售量，若能找到独特的赠品，其效果会更好。

- 一般赠品成本是消费者为获得此赠品而购物消费的金额的2%～4%。
- 针对家庭主妇的赠品以厨房、五金、卫浴用品或咖啡杯、水杯等体积庞大的物品首选。
- 与购买物品相关的配件产品也可以作为赠品。
- 为提升公司形象，可以选择印有公司商标、标示的商品作为赠品。

什么是“会员卡”促销

“会员卡”促销：即经营者采用消费者入会，可享受内部优惠待遇的促销方式。消费者通过一次性支付一定数额的入会费，便可拥有一张会员卡，成为该超市/店铺的会员，并享有非会员消费者所不具备的一些特权。

会员制一般列有明细的入会条款、受惠条款及需交纳一定的入会费用。会员享有购物权、消费权、保护权、服务权、折扣权等权力。会员制能够帮助经营者保留自己的基本顾客，建立长期稳定的消费者群，使经营处于一种稳定状态。

案例

麦德龙独特的会员制

麦德龙所实践的仓储式会员制，是它成功的地方，也是它独到的地方。

麦德龙是顾客的仓库，其会员定位是法人会员，即企事业单位和经营业主。麦德龙走出了批零兼售的形式，专心于专业顾客的服务。

麦德龙拥有所有会员的详细资料，致力于与他们保持不断的联系，有专职咨询员的专访，有每周两次直接邮寄的麦德龙邮报，也通过电话拜访，传真或者电子邮件进行联系，还有不定期的客户交流会等。

仓储式会员制造就了麦德龙与各专业客户间长期稳定的伙伴关系，相互依赖、相互忠诚，麦德龙发展来源于这些法人会员源源不断、大批量的订货收入。

第2章　春节促销

春节“促销”知多少

春节是我国民间最隆重、最热闹的一个古老而传统的节日。在古代，无论身在何处，人们都要尽力赶回家过年，在今天，远行千里的游子也会在春节期间与家人团聚。因此，春节是我国法定的一个大节，也是商家促销的黄金时段。

春节的来历

春节又叫“过年”，俗称“年”，期间传统而热闹的庆祝活动从除夕日一直持续到元宵节。

传说中，“年”是一种能为人们带来坏运气的想象中的动物。“年”一来，树木凋蔽，百草不生；“年”一“过”，万物生长，鲜花遍地。因此，人们都期盼过“年”。

民间过“年”的习惯，大抵是从原始社会的“腊祭”演变而来。在我国古代，人们经过一年的辛勤劳动，在岁尾年初之际，使用他们的农猎收获物来祭祀众神和祖先，以感谢大自然的赐予。

春节前，民俗中要祭祖、扫除污秽。除夕日要贴门神、春联，吃饺子，放鞭炮，除夕“守岁”等；正月初一，晚辈向长辈拜年，然后到亲友家贺年。亲友第一次见面时，说些“发财”、“新年好”等话互相祝贺。

另外，各地除互相登门拜年外，节日中还有给儿童压岁钱、舞狮子、耍龙灯、演社火、逛花市、赏灯会等习俗。这期间花灯满城，游人满街，盛况空前，直到元宵节。

春节是一年中最大的节日，儿童放寒假过年会领到压岁钱，大人们则领完了年终奖金，经济较为宽裕。春节期间，大家都会穿新衣、戴新帽，为过一个平安富庶的新年采购各种年货，是购买力最强的时候。

◉春节促销推荐商品

春节在中国人心目中的地位不言而喻。为除旧迎新，家庭生活用品、食品、服装、电器及清洁用品的需求量会大为提升，而过年拜年、送礼祝福更是带动了节日礼品的销售。因此，在春节前后，各个公司都会加重促销费用，期望有个丰收年。

1. 春节礼品

春节期间，商家一般均会设立礼品城、礼品中心、年货一条街等专区，推出如香菇、南北货、洋酒、糕饼、干果等礼盒，价位在500～1500元之间。

2. 时令商品

糖果、糕饼、瓜子、春联、生肖饰品、红色内衣、团圆火锅等是春节的热销商品，商家还可推出超值福袋活动，并设立年度生肖动物主题展示区，以吸引更多消费者。

3. 童装玩具

小朋友放寒假、过新年、领红包，因此此时是每年童装、玩具的销售旺季，若能配合推出卡通造型的人物动态表演，效果更佳。

4. 家庭日用品

年终大扫除，各式清洁用品需求量大增；除旧迎新，旧的家具、电气用品会有很多被淘汰，因此这些商品的市场也会增大。

春节促销2方案

方案1：迎新春得大奖，惊喜连连有

- 促销主题：迎新春得大奖，惊喜连连有
- 促销时间：春节前2周开始——春节后2周结束（期限为30天左右）
- 促销目标：增加喜庆气氛，利用消费者过节讨吉利的心理，巩固原有顾客群，开拓新顾客，建立市信誉，增加市场占有率。
- 促销形式：折扣促销与抽奖促销相结合
- 促销对象：全部顾客
- 促销项目：全部商品
- 促销内容：

促销POP

迎新春得大奖，惊喜连连有

亲爱的顾客朋友：

新春将至，本店新进大量节日商品。为了答谢您的厚爱，春节期间本店将举办“迎新春优惠中大奖”活动。活动细则如下：

1. 活动期间，本店全部商品打折出售，打折幅度从9.5折到8折不等（持会员卡的消费者可按会员卡折扣价，也可按现行折扣价打折）。

2. 凡在本店一次性购物满300元的消费者，均可获得抽奖券一张。凭此抽奖券可当场参加本店举办的“转动幸运彩盘，赢得心动大奖”活动。奖品包括：大彩电、自行车、台灯、大可乐、大雪碧、围裙、卫生纸桶、启瓶器8个档次。

您只须转动“大彩盘”，待彩盘停稳后，示指针指示奖品位置，领取相应奖品。中奖率百分之百。

活动时间：××月××日—××月××日

◉方案操作说明（供促销策划与执行人员参考）

1. 本方案所需的促销工具

促销宣传工具：宣传海报、POP、店外大型看板以及促销宣传单等。

抽奖设备：转盘、现场工作人员所用麦克风、音响、椅子等，同时还需要在店铺附近人多并宽敞的空地或超市商场出口的开阔位置搭建抽奖台。

促销奖品：大彩电、自行车、台灯、大可乐、大雪碧、围裙、卫生纸桶、启瓶器等可直接与生产厂家联系，省去中间渠道费用，降低促销成本。

2. 奖品费用预算

大彩电约700元×实际中奖数=（　　）元

自行车约200元×实际中奖数=（　　）元

台灯约20元×实际中奖数=（　　）元

大可乐、大雪碧1元×实际中奖数=（　　）元

围裙2元×实际中奖数=（　　）元

卫生纸桶1.5元×实际中奖数=（　　）元

启瓶器1元×实际中奖数=（　　）元

温馨提示

在本次活动过程中，促销执行人员要注意如下事项：

- 摇奖彩盘设置时，注意彩台所占比例要最小，要不容易摇中，但也要保证一定的命中率，否则消费者会有上当受骗的感觉。其余奖品按成本价格从大到小，所占比例要从小到大（如右图）。
- 抽奖活动须得到有关部门的认可和支持，要在法律范围内，本着公平、公正的原则。
- 消费者中奖后务必按照实际情况当场兑奖。
- 要做好意外情况的防范措施，如因天气情况而不能举行抽奖活动，可让消费者保留购物券和抽奖券，择日再进行摇奖活动。
- 工作人员要安排得当，保证统筹协调，使活动有序进行。

方案2：新春购物，礼品、礼券大派送

- 促销主题：新春礼品大派送
- 促销时间：春节前一周开始——春节后2周结束（期限为20天左右）
- 促销目标：借新春喜庆的气氛和春节销售高峰，通过礼品派送，活跃卖场气氛，吸引更多顾客，增加营业额，并为元宵节的促销活动埋下伏笔
- 促销形式：礼品赠送与资格券赠送相辅相成
- 促销对象：所有顾客
- 促销项目：全部商品
- 促销内容：

促销POP

新春购物，礼品、礼券大派送

亲爱的顾客朋友：

时逢新春到来之际，为答谢您对"×××"的厚爱，本店特举办"亲情大比拼，礼品任你选"活动。具体细则如下：

1. 凡在活动期间一次性消费满100元的顾客，可获赠价值20元的礼品一份；一次性消费满200元的顾客，可获赠价值30元的礼品一份；一次性消费满300元的顾客，可获赠价值50元的礼品一份。

2. 礼品均为本店销售的同等价格商品，可由消费者自由选择。

3. 同时，购物满200元的顾客，还可获赠比赛资格券一张，参加本店在元宵节举办的"亲情大比拼"活动，届时将有更大惊喜等着您。

活动时间：××月××日—××月××日

◉方案操作说明（供促销策划与执行人员参考）

- 这一促销方案的重点在于：本次促销要为元宵节的促销活动埋下伏笔，因此在宣传时应注意提醒消费者注意元宵节的促销活动，并鼓励其积极赢取元宵节"亲情大比拼"的资格券。
- 而促销宣传单的发放则应以超市门口及居民区、闹市、商场等地为主；礼品可以从店内销售的商品中选择，也可选择库存商品或深受消费者喜爱的大众礼品。
- 同时，有的消费者可能购物仅达98元或199元，如果出现这种情况，可酌情给予其赠品，不可因一点小利与消费者斤斤计较。

春节促销经典3案例

案例1：你买年货我埋单

台湾三阳工业公司曾在春节前以庆祝摩托车销售突破500万台为由，举办了一次名为“你买年货我埋单”的抽奖促销活动，成为轰动台湾商界和媒体的特别新闻。

促销策划案

主办单位：台湾三阳工业公司

活动目的：在春节来临之际，制造节日气氛，并给消费者以实惠，以达到促销产品的目的

活动对象：购买三阳摩托车的顾客

活动内容：

在活动期间，凡是购买了三阳摩托车的顾客，均可获赠1张抽奖券和1件夹克衫。顾客在抽奖券上填好个人材料后，寄回三阳工业公司，即可参加抽奖。

中奖人可到指定的远东百货公司超级市场，进行限时为5分钟的大搬奖，即中奖人可在超市货架上搬走自己想要的商品，限时为5分钟，搬多少得多少，消费者搬商品而公司埋单。

◉案例评析

本案例以5分钟的搬奖作为给中奖者的奖品，创意新颖，富于戏剧性，不落一般抽奖活动的俗套，引起了新闻媒体的广泛报道，为活动做了免费的广告。这样的奖品不但促销了三阳摩托车，也吸引了大量消费人潮来观看搬奖现场，促销了远东百货公司超市的商品。

这一案例的成功之处主要有以下几点：

1．抽奖与赠品结合

买三阳摩托车者不但可以得到中奖的机会，而且还可以得到1件夹克衫，使绝大多数未中奖者得到“安慰”，使他们的失落感得到减缓。

2．促销时机选择适当

活动期间正值领年终奖金，消费者包里有钱；且是春节前夕，很多人想买台新摩托车过年；另外一旦中奖，消费者还可以用5分钟搬走自己需要的年货。此时促销，易收到事半功倍之效。

3．搬奖只准搬超市的商品

超市中商品多是日用消费品，价格低，再加上又限时5分钟，所以这是一种刺激大、容易造成轰动效应，但实际成本很低的抽奖活动。

4．选择合适的伙伴

远东百货公司在台湾地区知名度高，商誉好，在各大城市分公司多，可方便中奖者就近搬奖。三阳公司在这次活动中找到了一个合适的合作伙伴，并节省了费用。

从总体而言，这次抽奖促销活动还是很成功的。最主要的特点就是活动创意新颖，求新求变，使整个活动充满新鲜感、刺激感、趣味性、轰动性，从而顺利地达到了促销目的。

案例2：识“佳宝”字体，赢新春大礼

“佳宝”公司曾在春节前后搞了一次“识‘佳宝’字体，迎新春大礼”的活动，活动旨在进一步提升“佳宝”品牌的知名度。活动的设计者比较巧妙地把品牌名称融入到“猜字游戏”中，有效的强化了“佳宝”品牌在消费者心目中的印象。

促销策划案

主办单位：佳宝公司

活动目的：通过人们对“佳宝”两个字的关注，使“佳宝”品牌深入人心；同时也可以在一定程度上促进销售。

活动对象：所有广告受众

活动内容：

佳宝公司推出了两个系列竞猜题，均围绕“佳宝”的品牌标志开展，参加者只要将正确的答案连同3个不同品牌的“佳宝”产品包装袋，一起寄往指定地点，就可参加抽奖活动。

1. 要求消费者从A、B、C、D、E5种字体中选择出与产品包装上相同的“佳宝”字体。

2. 判断一下“佳宝”字体的名称属于黑体、宋体、汉隶、篆体、行书这5种字体的哪一种。

奖项设价值1000元的高级镭射随身听3名，价值600元的变速山地车5名，价值300元的时装真皮背囊或皮鞋10名，另设纪念奖100名。

◉案例评析

“佳宝”公司的这次促销活动在“取材”上可谓别具匠心。任何产品的品牌或商标都有区别于其他同类产品的字体，而它们正是本产品与众不同的差异点。通过竞猜使这些在消费者眼中不起眼的标志引人注目，不失为一个扩大影响的有效办法。

特别点评

这个活动针对人们熟视无睹的现象提出问题，看似容易的问题如果回答不上来，还得通过购买才能辨明“佳宝”的正确字体。由此找到的答案就再也不会忘记了，举办者也得以实现了增强品牌与销量的双重目的。

此外，通过这个活动还能达到重新唤起人们对老品牌的印象的目的，使“佳宝”品牌重新焕发青春，毕竟“佳宝”在人们心中已是一个“老”品牌了。

案例3："可口可乐"妙趣红包，吃喝玩乐在其中

春节期间，"可口可乐"曾开展了号称上海有史以来的特大型多重组合联合促销活动。联合厂商达10多家，真可谓一次"浩浩荡荡"的"联合促销"。促销不仅给过节的人们带来了一次不小的"惊喜"，也使包括"可口可乐"在内的十几家厂商获得了不小的"收获"。

促销策划案

主办单位：可口可乐中国有限公司

活动目的：利用新年这一中华民族的传统节日在人们心目中的地位。通过营造一种节日喜悦的气氛，为上海的可口可乐的消费者提供"新年礼物"，从而达到促销的目的

活动对象：上海地区的消费者

活动内容：

消费者只要购买可口可乐公司旗下饮料达到规定数量，即可获赠红包1个及贺年礼品1份。礼品包括"奇巧"巧克力、或"酷极"糖果、或"台丰"花生或瓜子。

红包中印有幸运号码，可参加每周连环大抽奖，赢取现金压岁钱。最高为5000元。另外，在此红包中还有至少7张优惠券，涵盖吃、穿、玩、乐等多种休闲娱乐项目，如卡丁车游戏券、四驱车游戏券、游乐园门票等。

随后，活动进一步举行，主题改为"吃喝玩乐送不停"，并将购买标准降低一半。兑奖凭证也由收集外箱包装改为收集产品包装，礼品内容改为轻便相架或记事本或彩绘玻璃杯，红包内优待券由原来的至少7张改为4张，凭红包号码可以继续抽奖。

◉案例评析

新春佳节是中国老百姓一年中合家团聚、享受快乐时光的节日，也是商家进行促销的最佳时机。可口可乐公司联合10多家公司共同开展的这场"颇具规模"的大型促销活动，奖品非常具有节日特色，吃、喝、玩、乐一应俱全，商家为老百姓欢度节日的考虑可谓"周到"。

特别点评

本次活动的主办者号称在前6周内将送出1.6亿元的奖品，实际上经过专家计算，真正用于抽奖的投资大大低于这一数字，即大多数的奖项都必须在消费者再消费以后才能得到。

因为这么多的赠送，实质都是各种“消费”的优惠券，消费者要得到“好处”就必须不断地进行消费，从而也使商家获得可观的销售收入。但这种再消费是否真能受到消费者的欢迎将是“联合促销”能否成功的关键。

不过，一种产品的优惠券不一定会满足众多消费者的口味，而本例中可口可乐公司采取的联合促销行为为消费者提供了10种以上的选择，增加了消费者选择的余地，相对来说就提升了这次活动的价值，这也是此次活动能够成功的关键。

你问我答（相关知识链接）

什么是联合促销

所谓联合促销，是两个或两个以上的企业实体，在互惠互利的基础上，共同进行促销的方式。在竞争激烈的市场环境中，这种促销形式已经越来越体现出它相对于单个企业的促销活动所具有的优势。联合促销在国外已不鲜见。但国内市场还没有得到充分的认识。

值得注意的是，参加“联合促销”的各方只有具备相同或相近的目标市场才能用较小的成本获得较大的效果。比如：

- 借重复陈列提高产品知名度，增加品牌展示面，刺激消费者的购买欲望；
- 增强在现有销售渠道的地位，促使零售商增加进货数量，或打入新的销售渠道；
- 刺激消费者增加消费量，增加每次的购买量，缩短每次购买间隙；
- 刺激消费者继续使用旧有品牌或尝试使用新品牌。

当然，参加“联合促销”的各方应能充分发挥各自的优势，形成优势互补，并通过“联合促销”分摊促销费用，从而大大降低了各方的促销费用。如果一种新产品借助一知名品牌进行联合促销，则可以大大提高新产品被市场接纳的速度。

联合促销的类型主要有以下几种：

- 与其他行业联合促销：最常见的联合促销手段。由于不同行业间不存在直接竞争的问题，而且还可以优势互补。
- 与经销商联合促销：又称为垂直的联合促销。此种促销方式最大的优点是两者目标市场十分一致，同一产品销量的增加对双方都有利，而较易找到合作伙伴。
- 与同行业联合促销：可使双方共同提高各自的竞争实力。在同类产品厂家众多的情况下，与同行联合促销是一个十分有效可行的方法，可起到“鹤立鸡群”的效果。

五步达成“限时抢购”的促销绝招

限时抢购紧紧抓住了国人爱看热闹、爱占便宜的心理特点，通过独特的道具和实施手段，来强烈地刺激店内顾客的感官，促使其参与购买。限时抢购可以由超市发起，也可以由供应商建议零售商安排，是一种非常有效的促销手段。

那么，企业该如何来有效实施这一独特的促销方式呢？

◉第一步：选择商品

在为限时抢购准备商品时，可采取单品和整柜两种抢购方式。针织品、内衣内裤、皮带、钱夹、围巾、手套、文具、裤子、T恤衫、衬衫、洗发水、洗涤类、纸品、饮料、油品、大米，甚至生鲜等品类下的单品都可以作为限时抢购的商品选择对象。

- 整柜抢购必须有厂商支持，抢购商品最好定为原价的3～4折，价格不能太低。为吸引顾客，也可以偶尔拿一些非常敏感的商品做几次惊爆价格，但绝不能频繁地做。
- 适合抢购的单品包括：流行商品、应季商品、大众化商品、单价适中的商品等，另外还需考虑商品的抗挤压能力，易碎易烂的商品最好不要做。

◉第二步：选择时间

很多限时抢购的失败都与时机的选择有关。一般情况下，限时抢购式促销的时间选择可从三个方面来考虑：

- 在什么时候适合做？

人流量越大，限时抢购的效果越好，因此可以选择节假日、周末或公司有大型促销活动时，做限时抢购，如换季促销、周年庆、黄金消费周等。

- 抢购多长时间能达到最佳效果？

按照常规做法，抢购时间最好控制在半个小时之内——时间长了顾客心烦，公司或者供应商损失也大。

- 怎样安排抢购场次的时间？

门店新开业、黄金消费周或大型促销活动期间，可选择在比较冷场的时候来做，场次可以多一些；在常规促销期间及周末等人流量一般的时间，可选择临近销售高峰期的时间来做，使销售现场感觉更加火爆。

◉第三步：营造氛围

营造氛围也是限时抢购最大的特色，制造出好的限时抢购本身也会给卖场带来很好的销售氛围。

● 促销道具的选择：铃铛、喇叭（扩音器）必不可少——原始但实用。抢购点以及电扶梯口等地都是使用这些道具的好地方。而单品抢购最好用独立花车。

● 人员的安排：最好安排几个“表现欲望”强的员工去做限时抢购——这就要看楼层经理或店长对属下的熟识程度了。

● 播音的安排：现场音乐一定要急促有力。同时，针对抢购必须有专门的播音稿，播报时语速要快、节奏感要强，要让信息直击顾客心房。

● 环境布置及现场海报：抢购现场顶部可以用KT板与写真板做一块吊牌，表明活动在这里进行，吊卡底部可以悬挂抢购商品的价格POP，活动前半个小时左右挂出来。

◉第四步：考虑安全措施

限时抢购式促销必须考虑到其安全性，包括促销地点的选择和制定相应的防范措施两点。

● 地点的选择：切记不要在电梯及电扶梯口、楼道口、栏杆旁边、玻璃道具及自制道具多的区域、贵重商品及易碎商品区域、收银台旁边等地做限时抢购式促销。

● 防范措施：需足够人手维持现场秩序，并在卖场里一切可能出事的地点增派人手。做轰动性很大的商品抢购，可以用发券的方式来代替现场抢购，尽量避免发生意外。

◉第五步：安排收银

在抢购活动中，顾客多数都是冲动性消费，因此抢购活动的收银必须在现场进行，一手交钱一手交货，以保证商品的有效购买。而且现场收银不难管理，只要货物清点无误，补货过程规范，就可实施。

如果顾客一听到限时抢购的“信号”响起，不管处在哪个位置，都条件反射般地朝抢购地点飞奔而去，那这个抢购活动就算达到效果了。

温馨提示

一次限时抢购，凭借上述五步即可完成。当然，为了保证活动的顺利进行，最好事先由门店企划部根据各部门报出的抢购计划设计一张表格，将活动的安排、场次、配合部门以及相关人员列出，分发到相关部门及人员手里，可使活动更具备计划性。

第 3 章　情人节促销

甜蜜情人节，促销知多少

情人节是一个典型的西方节日，也是我国青年人企盼的节日，流行程度已超过了我国传统的七夕情人节。在这一天，情侣们一般都赠送玫瑰花和巧克力作为爱情的信物，或者互赠一些精致的小礼品以表达自己的心意。因此，情人节也越来越为更多的商家所关注。

情人节的由来

情人节，又称“圣瓦伦丁节”。起源于古罗马，于每年 2 月 14 日举行，现已成为欧美各国青年人喜爱的极富浪漫色彩、最受情侣们欢迎的节日。对那些心有所属，平日又羞于启齿的痴情男女来说，情人节是倾心吐露心底秘密的佳期。

在情人节的前一天夜里，姑娘们便采来月桂树的叶子，贴在枕头上，希望在梦中见到意中的情人。与此同时，小伙子们则把瓦伦丁情人卡剪成各种精美的工艺品，如剪成心形、花形，更多的是希腊神话中小爱神厄洛斯弯弓搭箭的形象。

神话中说，厄洛斯百发百中，他射中了谁，谁就会坠入爱河。小伙子们当然希望爱神能把他的爱情之箭，分毫不差地射在姑娘们枕头上的月桂叶上，从此心心相印，成为花好月圆时的一对情侣。

正如中国人用近乎狂热的热情过起了圣诞节一样，情人节也已经悄悄地渗透到了无数年轻人的心目中，成为中国传统节日之外的又一个重要节日。

无论这一天的来历有多少个版本，无论用什么样的方式度过这一天，2月14日，都会让天下有情人的心中产生种种美妙的幸福与甜蜜。在此期间，鲜花销售商会大抬玫瑰价格，但依然会卖得架净仓空，赚得盆盈钵满。

◉情人节促销推荐商品

情人节是天下有情人共同的节日。但每年只有玫瑰、巧克力，缺乏新意，不能将情人节的浪漫、温馨长久留住，因此，越来越多的人希望在情人节这天，除赠送玫瑰、巧克力以外，能赠送其他更时尚更有保留价值的礼品。这就为商家提供了更大的商业空间。

1. 玫瑰与巧克力

情人节的节日热销品首推鲜花中的玫瑰和各种精美别致的巧克力，缺乏了这两样，似乎也就缺少了情人节的味道。因此，聪明的商家一定会备足玫瑰和巧克力以迎接情人节。

2. 精美小礼品

情人之间除了互赠玫瑰和巧克力外，更多的还会选择如项链、胸针、领带、丝巾等可以随身携带的精美小礼品。另外，平日颇受儿童钟爱的洋娃娃也会成为情人节爱的礼物。

3. 情侣服装鞋帽

情侣们在选择服装时，越来越多的倾向于情侣套装、情侣鞋帽，甚至情侣饰品，因此，情人节的热销商品还包括情侣服装、鞋帽和饰品。

4. 浪漫烛光晚餐

在情人节，能有一餐伴随着轻柔温馨的音乐和朦胧含蓄的烛光的晚餐，是很多人的追求。因此，“浪漫烛光晚餐”也成为越来越受欢迎的情人节礼物。

情人节促销 2 方案

方案 1：温馨情人节　优惠大酬宾

- 促销主题：温馨情人节　优惠大酬宾
- 促销时间：2 月 7 日—2 月 14 日
- 促销目标：利用情人节时机，扩大产品销售量，提高企业知名度
- 促销形式：打折促销
- 促销对象：情侣、年轻男性、女性
- 促销项目：情侣饰品、首饰、服装等
- 促销内容：

促销 POP

温馨情人节　优惠大酬宾

亲爱的顾客朋友：

情人节就要到了，你为你心中的爱人准备好了礼物吗？为了答谢您对“×××”的支持与厚爱，本店将在情人节期间举办“优惠大酬宾”活动，为温馨情人节送上百余种让你心动的饰品、首饰和情侣套装。活动细则如下：

1. 活动期间，本店商品一律打折出售，打折幅度从 9.5 折到 7.5 折不等。

2. 持会员卡的消费者可享受“折上折”让利大优惠。即按会员卡折扣价打折后，再按现行折扣价打折。

心动不如行动，您还等什么？快来为你的情人准备好心动大礼吧！

活动时间：2 月 7 日—2 月 14 日

◉方案操作说明（供促销策划与执行人员参考）

在活动过程中，促销执行人员要注意如下事项：

1. 在选择促销商品时，一定要注意与情人节的节日氛围相适应，以精美饰品、首饰和情侣套装为主要促销品。

2. 优惠打折一定要把握住尺度，促销期间一过，应立即恢复原来价位，以免影响品牌在顾客心中的地位。

方案2：情人节促销“现金返还”大优惠

- 促销主题：情人节促销“现金返还”大优惠
- 促销时间：2月4日—2月14日
- 促销目标：借助节日人气，吸引新顾客，提高产品销售量，扩大市场占有率
- 促销形式：返还现金、礼品赠送
- 促销对象：购买指定产品的所有顾客
- 促销项目：适合情人节销售的指定产品
- 促销内容：

促销POP

情人节购物“现金返还”大优惠

亲爱的顾客朋友：

情人节到了，当您携带着馨香醉人的花朵，幻想着甜蜜而浪漫的情人节时，是否为自己的心上人准备了可心的礼物呢？赶快来吧，参加本店举办的“购物现金返还大优惠”抽奖活动，最高可返还99元现金，快快参加哦！活动细则如下：

1. 凡购买本店指定的促销产品，均可参加现场“现金反馈大抽奖”活动，奖品设置为：一等奖2名：反馈现金99元；二等奖4名：反馈现金69元；三等奖6名：反馈现金39元；支持奖60名：反馈现金9元。

2. 另外您还可以登录××网站，参与本店“情人节最情深表白”有奖评选，在网上写下最情深、浪漫的情话，即有机会获得本店赠送的情人节礼品一份，部分精彩“情深表白”会于情人节当天在××广场为您发表！（具体情况见××网）

活动时间：2月4日—2月14日

◉方案操作说明（供促销策划与执行人员参考）

本次促销活动涉及到网站宣传这一形式，因此在设计网站内容时需特别强调以下几点：

1. 网站应从每日所提交的“最情深表白”里挑选出最精彩的十句情话供网友投票，在活动结束时，可根据投票票数高低和评委意见决定最终奖项。

2. 参加本次活动的网友需自行创作“最情深表白”成功提交；提交的“最情深表白”必须被选中，才能成为候选“最情深表白”参加投票。

3. 网友需正确填写姓名、手机号码和身份证号码等个人资料，以作领奖时核对之用。

4. 及时公布中奖名单、领奖时间和地点，比如在2月16日公布，要请参与者关注。

情人节促销经典2案例

案例1：“情人结”套住情人节，天天都是情人节

2003年，某市一家规模较大的鲜花销售商A公司，曾在情人节期间组织了一场“玫瑰+情人结+烫金贺卡”三结合的促销活动，使该公司在2002年情人节期间的出现的业绩下滑现象得到了彻底改观，并且重新占领了较大的市场份额。

促销策划案

主办单位：鲜花销售商A公司

活动目的：通过“情人节”这一主题，紧紧抓住围绕“有情人”这一心理，展开商品促销和活动促销，以吸引客流，提高知名度，提升销售业绩。

活动对象：情人节玫瑰消费的主力人群

活动内容：

针对未婚情侣、年轻夫妻和老年伴侣三类不同的目标消费群，在本公司所属的68个鲜花销售网点，推出“玫瑰＋情人结＋烫金贺卡”三结合的“情人结套住情人节，天天都是情人节”的玫瑰促销活动。活动内容如下：

1. 浪漫情人·我爱你篇：针对20～25岁的未婚情侣。产品组合：3支玫瑰＋1个“缘字结”＋烫金贺卡。

2. 真情永恒·爱妻篇：针对25～35岁的年轻夫妻。产品组合：27支玫瑰＋1个“爱字结”＋烫金贺卡。

3. 浓情夕阳·天长地久篇：针对50岁以上的老年伴侣。产品组合：9支玫瑰＋1个“牵手结”＋烫金贺卡。

另外，凡在本公司购买玫瑰9支（含9支）以上的消费者，均赠送两张X迪厅的门票，可参与该迪厅组织的抽奖活动。

◉案例评析

情人节是玫瑰销售的黄金时段，但鲜花销售商很少有什么促销活动。即便有一些，也不外乎幸运抽奖、降价优惠等形式，内容千篇一律，没有新意。

但A公司组织的这次促销活动，以其丰富的产品组合极大的满足了各类消费者的需求，一改以往情人节单调送花的尴尬，使情人节变得更加富有内涵。

此次促销活动之所以能够成功，主要有以下几点：

1. 产品创新、概念创新

相比于以往情人节期间鲜花销售商的自然销售，本次活动则是主动出击。从市场调研到“情人结”的推出，以及“‘情人结’套住情人节·天天都是情人节”概念的提出，都体现了一种创新思想。

2. 东西方文化的成功嫁接

情人节是本土化了的西方节日，而中国结是一个典型的东方文化的代表，“节”与“结”的谐音为两种文化的成功嫁接找到了准确的切入点。如此，融合了两种文化内涵的“情人结”就满足了年轻人时尚、求新的心理特点。

3．目标消费群的准确定位

青年人是情人节期间玫瑰消费的主力人群，但从往年消费人群的比例来看，50 岁以上的人群占到了 5%，可见，这很可能成为一支“绩优股”，值得培养，关键是如何激发他们的购买欲望，“正面出击”与“旁敲侧击”很好的解决了这一问题。

案例 2：PISA 情人节“双喜对对碰”

为回馈广大用户，迎接2005 年情人节，PISA 公司特别举办了一场全国范围的大型情人节促销活动。这次活动不但为新春佳节和情人节增添了喜庆，其主题也颇具浓烈的中华民族新春气息——“双喜对对碰”。

促销策划案

主办单位：PISA 公司

活动目的：借助春节、情人节的喜庆气氛，提高销售业绩和品牌知名度

活动对象：所有购买 U27 情人节礼包的消费者

活动内容：

从 2005 年春节至 2005 年 2 月 15 日，消费者在任何销售 PISA 的柜台，均可购买到仅售 999 元的 U27 情人节大礼包，春节、情人节谓之双喜。礼包中，有两只外观相同，颜色各异的播放器摆放成比翼双飞状，寓意情人的双双对对，比翼齐飞，可谓“对对碰”。

U27 是在业界非常受欢迎的产品，以首款超小 OLED 彩屏 MP3 享誉业界，此次将其做成情侣套装，可以满足用户馈赠爱人的需求。相信这两款情侣套装会受到众多情侣的喜爱，给情侣间增添更多的暖意。

◉案例评析

PISA 公司的这次促销活动，不但借助了春节和情人节两大节日的黄金时段，而且提出了一个非常受年轻情侣青睐的主题：“双喜对对碰”，既寓意喜庆又暗示了购买者的意愿：能与爱侣双双对对，比翼齐飞。

特别点评

促销时间的选择和促销主题的别具一格，均成为这次促销活动的关键之处，而更为重要的是，PISA公司为其促销产品做了一个很好的造型：将两只外观相同、颜色各异（情侣套装）的播放器摆放成比翼双飞状。这一造型势必引起很多年轻情侣的无限遐想。

毕竟，情人节是一个感情至上的节日。如果在这次促销活动中，执行者能为购买产品的顾客再赠送一只玫瑰或一件小礼品，一定会有更大的收获。

你问我答（相关知识链接）

如何打好“现金返还”这张牌

“现金返还”就是消费者在购物消费并达到一定数额时，厂商会给予一定金额的退款，该退款可以是商品售价的百分之几，也可以是全额退还甚至超额退还。

“返还现金”的实质也是打折和优惠，但在表现手法上比“折扣”高出一筹，即更能让消费者看到实际的东西——现金，因此其诱惑力也更大。

那么，在促销形式越来越多样，促销活动越来越频繁的今天，商家该如何打好“现金返还”这张促销牌呢?

1.“现金返还”式促销的5大运作方式

- 购买单一商品的现金回赠

此方式较适合单价较高的消费品，如化妆品、黄金饰品、保健品等。如某钻石制造商规定，顾客购买某种价值2000元的钻石项链，可将附赠的退费申请卡寄回给制造厂家，获得300元的退款。

- 多次购买同一商品可得到的现金返还

此方式较适合于单价较低、使用周期短、购买频率较高的日用消费品，以鼓励消费者重复购买，培养品牌忠诚度。比如某品牌饼干制造商规定，顾客凭12个包装袋可获得退费10元。

● 购买同一厂家生产的多种产品时，享受的现金返还

由于这些产品的目标消费群一致，且不会互相替代，厂商常用此推广新产品，或使销售不理想的产品借由畅销品带动增加消费者尝试机会。

企业生产不同品种不同口味的食品、调味品，不同用途的化妆美容品较为适合这种促销手段。但此种优待退费的参加品种越少越好，最好不要超过6种，以免消费者因麻烦而放弃参加促销活动。

● 联合现金返还

为节省投资费用，增加退费金额，有时几家制造企业会联手合作，规定顾客须购买几家企业的产品后，才可得到现金回赠。还有一种是制造商与零售店合作举办联合退费活动。

比如："罗孚"公司规定，顾客在指定超市购物满200元，内含"罗孚"巧克力1盒，可将超市收银条与"罗孚"巧克力包装盒上的退费标贴一同寄回指定地点，得到40元的现金回赠。

● 升级式现金返还

即随着购买量的增加而增加退费，愈多购买的顾客所享受的退费率也愈大。如一家果汁零售店规定，以顾客购买3瓶果汁为限，买3瓶退5元，买5瓶退10元，买10瓶退25元。

这种办法旨在刺激消费者增加购买量，适合于单价低、使用期短，购买频率高的日常生活消费品。

2."现金返还"式促销的4种退费方式

● 部分退费

当产品单价较高时，厂商会以售价的一部分作为现金回赠。退费金额越高，吸引力自然越大，消费者的参与率也越高。一般来说低于售价20%的退款不大能引起消费者的兴趣。

● 全额退费

价格较低、购买频率较高的商品，厂商可实行全额退费，这样等于把商品送给消费者试用，若消费者满意，今后就会长期购买。

- 超额退费

有些售价低的商品，即使增加购买数量也不足以构成具吸引力的退费款额，此时，厂商可采用超额退费。一般若提供双倍的买价退费，定能增进购买行动。

- 组合退费

为增加吸引力，退费常可与其他促销方式相结合。如现金加优待券退还，现金加赠品退还、抽奖式退费等。LG 电子集团公司曾举办此活动："买 LG 健康王分体式空调，可得 9% 的退款加精美 T 恤衫 1 件。"

3. 如何掌握"现金返还"的促销分寸

要做好"现金返还"式促销，促销活动的策划者和执行人员必须把握好如下几点：

- 成本费用

包括顾客的退费（退费至少应达到产品售价的 20%）、广告宣传费、退费卡的印制费、回件处理费和活动中动用的辅助人员与处理费用开支，如公证处的公证费，向顾客汇款、接受顾客的咨询与投诉、跟进活动效果等各种费用。

- 活动时间

活动时间的长短会影响到参与率的高低，时间太短，消费者难以积累到所规定数量的购物凭证，太长则没有购物的紧迫感，企业就难以收到明显的促销效果。另外，活动时间的长短还要考虑到广告媒体传播资讯速度的快慢，及促销产品的出货速度。

总之，"现金返还"式促销对于增加新消费者、帮助新产品入市较为有效，且对品牌形象的损伤较少，活动举办者应更加注意提高活动的吸引力及活动的宣传工作，以激发消费者的参与兴趣。

情人节，如何借用“玫瑰花语”做促销

玫瑰花被喻为“爱情之花”，因此，情人节是情侣的节日，更是玫瑰的节日。2月14日情人节，在爱情之河畅游的年轻人，都用此花献给自己的心上人来表达自己的感情。而且，玫瑰代表爱情之外，其不同颜色、朵数的玫瑰还另有含意呢。

“玫瑰花语”知多少

红玫瑰代表热情真爱

黄玫瑰代表珍重祝福和嫉妒失恋

紫玫瑰代表浪漫真情和珍贵独特

白玫瑰代表纯洁天真

黑玫瑰则代表温柔真心

橘红色玫瑰友情和青春美丽

蓝玫瑰则代表敦厚善良

1 朵玫瑰代表——我的心中只有你！

2 朵玫瑰代表——这世界只有我俩！

3 朵玫瑰代表——我爱你 I love you！

6 朵玫瑰代表——互敬互爱互谅！

9 朵玫瑰代表——长久 Always！

11 朵玫瑰代表——最爱只在乎你一人！

100 朵玫瑰象徵——百分之百的爱！

知道了玫瑰的花语含意，商家又该如何利用玫瑰做好情人节的促销活动呢？其实很简单，比如：

- “99 玫瑰大放送”，玫瑰是主角，告诉那些情侣们：让玫瑰为你传达你的爱意吧！
- 发行情人节礼品特刊，依照情人个性星座分类，精选适当礼物，以购买“情人节星座礼品”赠“爱情玫瑰”为主题进行“礼品”促销。

● 以“浪漫情歌夜，情歌对唱得大奖”为主题促销情侣服装、饰品、首饰等，可把玫瑰设为参与奖奖品，凡参与活动者皆可为情侣赢得玫瑰一支。经济又温馨的玫瑰一定可以为你赚来不少人气。

● 酒品促销同样可以玫瑰为衬托。在浪漫的红酒旁边，放上一支玫瑰，一棵红烛，不就为渴望浪漫和温馨的情侣们设计了一顿美妙的烛光晚餐了吗?

其实，情人节这天，无论促销什么，都可以把玫瑰作为赠品。因为，温馨情人节，没有人拒绝这朵“爱情花”；同样，从顾客方面出发，如果他（她）购物的同时，能为自己的爱侣捎回一支玫瑰，一定是一个惊喜。

第4章　元宵节促销

元宵节的由来与促销分析

农历正月十五为元宵节，又称上元节、元夕节、灯节，是我国民间的传统节日。正月十五闹元宵，将从除夕开始延续的庆祝活动推向又一个高潮。而元宵之夜，大街小巷张灯结彩，人们赏灯放焰、喜猜灯谜、共吃元宵，合家团聚、同庆佳节，其乐融融。

元宵节的由来

元宵节起源于2000多年前的西汉，据说是汉文帝时为纪念“平吕”而设。

汉惠帝时，吕后和吕氏宗族把持朝政。周勃、陈平等人在吕后死后，铲除吕后势力，拥立刘恒为汉文帝。因平息诸吕的日子恰是正月十五，此后每年正月十五之夜，汉文帝都微服出宫，与民同乐以示纪念，并把正月十五定为元宵节。

之后，武帝设立了一个最高的天帝“泰一神”，并在甘泉宫修建“泰一神”祠坛，其祭祀活动也定于正月十五，从黄昏开始，用盛大的灯火祭祀，通宵达旦。因此，司马迁在“太初历”中就把元宵节列为重大节日。

“元宵赏灯”一说始于东汉明帝时期。明帝提倡佛教，佛教有正月十五观佛舍利、点灯敬佛的做法，于是于上元夜在宫廷、寺院“燃灯表佛”，令士族庶民一律挂灯。以后这种佛教礼仪节日逐渐演变为民间的盛大节日。

元宵节吃元宵的习俗则始于宋朝。元宵又称为“汤圆”、“水圆”，由糯米制成，或实心，或带馅，与春节的年糕、端午节的粽子一样，都是节日食品。吃元宵象征家庭像明月一样团圆，意在祝福全家团圆和睦，在新的一年中康乐幸福。

元宵节的节期与节俗活动，是随历史的发展而延长、扩展的。就节期长短而言，汉代才一天，到唐代已为三天，宋代则长达五天，明代更是自初八点灯，一直到正月十七的夜里才落灯，整整十天。

明代的元宵节，白昼为市，夜间燃灯，那精巧、多彩的灯火，使其成为春节期间娱乐活动的高潮。至清代，又增加了舞龙、舞狮、跑旱船、踩高跷、扭秧歌等“百戏”内容，只是已将节期缩短为四～五天。

按照旧俗，从除夕夜守岁开始，一直到过了正月十五元宵节，这年才算正式结束。因此，借元宵节“月满人团圆”的彩头，许多商家又别出心裁地推出了各种促销活动，再次掀起新年伊始的销售高潮。

◉元宵节促销推荐商品

元宵节以团圆、吃元宵、赏灯、猜灯谜的习俗代代相传，因此，食品和各种娱乐活动是重头戏。那么商家又该如何来准备这些东西呢？

1. 节日食品——元宵

元宵节的“老味”汤圆，如芝麻、花生、黑糯三大传统口味，是汤圆市场的主要产品。商家还可以引进一些特殊馅料的元宵，如果仁、豆沙、山楂、无糖、清真、米酒等，消费者大都抱着尝鲜的心理前来购买，销量也会不错。

2. 节日精品——灯具

元宵赏灯是千年传统，如果借助这一赏灯习俗，以猜灯谜、送小礼品、做小游戏的形式举办各种新颖别致的灯具展销会或促销会，一定可以吸引很多顾客光顾。

3. 情侣用品大促销

元宵节是古代未婚男女得以相识的难得机会，又被称为中国情人节。因此，借助这个节日，以“月圆情人之夜”为主题进行情侣手表、服装、饰品的促销活动，也一定收获颇丰。

4. 服装、 家居用品大优惠

元宵之后，天气渐暖，很多品牌的返季服装将成为销售主角，可以吸引众多青年男女前来购买。另外，结合传统习俗，以找气球、猜灯谜、送礼品等形式，进行各种家居用品的打折销售同样可以再掀销售高潮。

元宵节促销2方案

方案1：团团圆圆过元宵，美味汤圆大联展

- 促销主题：团团圆圆过元宵，美味汤圆大联展
- 促销时间：农历正月初八至正月十五（一周左右）
- 促销目标：借助节日习俗，以元宵大联展的形式促进元宵的销量，增加店铺来客量
- 促销形式：礼品赠送
- 促销对象：所有顾客
- 促销项目：所有产品，但以元宵为主
- 促销内容：

促销POP

团团圆圆过元宵，美味汤圆大联展

亲爱的顾客朋友：

在春节后的又一个美好节日——元宵节来临之际，为方便广大顾客的购物需求，本店特开辟汤圆食品专柜，让您尽享美味汤圆，与家人过一个团团圆圆的元宵节。联展产品包括：

1. 各种品牌汤圆：如龙凤汤圆系列、思念汤圆系列、三全凌系列、佑康系列。

2. 各种口味汤圆：如八宝果仁、黑芝麻、麻蓉花生、玫瑰豆沙、山楂、五仁、花生芝麻、无糖、清真、米酒等。

另外，凡在本超市购物满88元的顾客，即赠送汤圆一袋，或小灯笼一个，价值5元左右。

活动时间：××月××日—××月××日

◉方案操作说明（供促销策划与执行人员参考）

元宵节前期为春节促销事件，此时不需要再做大型促销及专门主题陈列。但元宵节吃元宵是一种节日习俗，因此商品上可做汤圆特价及手招、海报、广播等宣传。以“团团圆圆过元宵，美味汤圆大联展”为主题的促销活动就是为了满足顾客的这一需求。

在促销活动中，卖场不需要做很多特别的准备，但以下几点必须注意：

1. 元宵（汤圆）品种、口味要齐全，特别是一些新上市或者适合特殊人群（如为糖尿病患者准备的无糖元宵）的元宵产品要特别陈列，引人注目。

2. “88”取“发发”谐音，是吸引消费者的一个关键点，因此要在放置于卖场外的大型看板和宣传海报上着力突出这一点。

3. 礼品（小袋汤圆、灯笼）要预先准备好，灯笼应新颖别致，可在上面印上卖场的名称，汤圆要口味齐全，以供顾客选择。

方案2：元宵节请进元宵小吃一条街

- 促销主题：购物享美味，小吃等你来
- 促销时间：农历正月十三至正月十七
- 促销目标：借助小吃一条街的诱人招牌，吸引客流，促进卖场商品的节日销量
- 促销形式：购物满×××即赠××元小吃代金券
- 促销对象：所有顾客
- 促销项目：所有产品
- 促销内容：

促销 POP

元宵节请进元宵小吃一条街

亲爱的顾客朋友：

应广大顾客朋友的要求，××超市于元宵节来临之际，特在卖场门口开设“欢乐购物小吃一条街”，让您在购物的同时，可以和家人朋友一饱口福。

这条小吃街设有摊位十多个，包括节日佳品元宵、中华小吃冰糖葫芦、臭豆腐、炸香肠、羊肉串、里脊肉等，均为明码标价、现场制作，保您看着舒心、吃着放心。

同时，超市还特别举办“购物优惠送礼券”活动。凡在本卖场购物满100元者，均可获赠价值10元的小吃券一张，满200元送20元，依此类推，多买多送（限单张购物小票）。

顾客凭购物小票到服务处领取小吃券，凭小吃券即可到摊位上换取价值相等的美味小吃。

还在犹豫什么？赶快行动吧！

活动时间：××月××日—××月××日

◉方案操作说明（供促销策划与执行人员参考）

中华民族的每个重要节日都包含了“吃”这一特色，因此，元宵节除了逛街赏灯玩乐外，吃喝也是必不可少的。在购物之余，能够免费享用美味小吃对顾客来说是一个极大的诱惑。

当然，卖场在举办这样的促销活动时，促销策划与执行人员必须做好以下几点：

1. 小吃摊位设置要丰富、品种要齐全，除了把一些商家已有的小吃搬到现场外，还可以邀请一些地方名小吃店到现场制作售卖。

2. 小吃制作必须注意卫生，要采取一定措施避免油烟污染及灰尘影响，同时要预防自然风雨的影响。

3. 在小吃街或卖场门口设一专门服务处，顾客凭购物小票到服务处领取小吃券，再凭小吃券到摊位上换取同等价值的小吃。

4. 小吃券要制作精美，可与著名的小吃店或小吃作坊协商，在上面为其刊登宣传广告。同时，小吃券不可兑换现金，也不设找兑。

5. 除了用小吃券消费外，顾客也可用现金购买，因此必须在小吃制作销售现场明码标出小吃价格，让顾客一目了然。

元宵节促销经典案例

案例："可的"元宵团圆饭

元宵节前夕，人们正沉浸在节日即将到来的美好时刻中。上海光明乳业公司抓住这一大好商机，适时地推出了"可的元宵团圆饭"促销活动，使这次活动较好地融入到节日的气氛中，给人们带来喜气祥和的气氛，同时也为企业带来了声望和效益。

促销策划案

主办单位：上海光明乳业有限公司

活动目的：抓住元宵佳节这一商机，施以情感诉求，扩大"可的炸鲜奶"的销售

活动对象：所有购买"炸鲜奶"的消费者

活动内容：

凡购买"可的炸鲜奶"食品的消费者只需收集2个包装袋上的"可的"标志寄回，即可参加"可的元宵团圆饭"的抽奖活动：

1. 中奖者可以获得价值为1000元的酒席1桌，享受全家元宵团圆的快乐时光。

2. 此次活动还设有鼓励奖，中奖者可以获得光明牛奶奶票1张。

◉案例评析

价值1000元的酒席对于有些消费者来说可能并不算什么特别有"吸引力"的奖品，然而吃一次元宵节全家团圆饭则是一件充满亲情、充满温馨的美事，一件平淡的奖品被赋予某种感情色彩后就会产生不同凡响的魅力。

而且，通过举行这一促销活动，也在一定程度上为光明乳业公司在消费者心目中建立了一种关爱消费者的形象。

特别点评

本案例给我们的另一个启示是：用酒席作为奖励究竟适合于什么样的产品？

其实，这种方式最适合于向酒店推销的产品，因为这样做往往能取得一举两得的效果，既鼓励了消费者，又是一种施惠于餐饮渠道的做法，便于企业与销售渠道之间建立一种和谐融洽的关系。

你问我答（相关知识链接）

什么是“代金券”

代金券：又称为折价券。在经济不景气或通货膨胀时最能发挥其独特功效。适用于日用品、食品等日常消费性产品。消费者使用按面值兑换的代金券（折价券），可以享有两次消费的优惠让利。

企业若能在DM或报纸内附上印花折价券，可以提高消费者对广告的关注率，从而提高促销活动的成功几率。

温馨提示

代金券的使用限制必须标注明确，一般代金券上都印有有效期限（通常是在一周以内）、使用方法、限制范围、说明文案等；还要说明代金券的面值及折价范围等。

另外，代金券容易被用来作假、欺诈，如零售店的会计人员、销售人员，利用剪下的折价券来代替收银机的现金，不可不慎重。

◉代金券样本

元宵节优惠活动 50元代金券 ◆可与其他优惠同时使用 ◆使用地点：××火锅店 ◆使用时间：2006年2月10日—2月20日	元宵节优惠活动 50元代金券 ◆可与其他优惠同时使用 ◆使用地点：××火锅店 ◆使用时间：2006年2月10日—2月20日

展示现场销售5要点

所谓展示现场的销售活动，是指经销商于一定期间内，针对多数预期顾客，以实际销售为目的所进行的展示销售活动。展示现场的销售活动在操作过程中必须注意如下几点：

- 营运主体为经销店铺：其操作可以是一家店铺也可以由多家店铺共同举办，也可以由厂商或销售公司提出建议，并参与企划和协助进行。
- 以实际销售为目的：展示现场销售又称为“展示即卖会”，其目的在于促使最终需求者的购买，即在展示现场从事买卖行为，并以成交额的多少显示其效果。
- 有一定的时间限制：因所售的商品种类、现场规模、接待人员数量、销售目标额的不同，其所定展示销售的期限会有所不同，但通常限定为1日至一周，不宜过长。
- 以多数预期顾客为对象：即以有购买意愿或购买可能性较强的需要者为展示销售的对象，毫无购买意图的人不在其考虑范围。
- 必须有展示销售的场所：这个场所可在自家店铺，也可以选择车水马龙的街头，但所选场地必须适合所销售的商品气氛，并能唤起顾客的购买意愿。

展示现场销售活动并不是一种新的促销手法，最早的时候多用于家用电器的销售，时至今日，不论何种产品，均可以采用这种促销的手段来进行销售。

第5章　二月二龙抬头促销

二月二龙抬头的由来与促销分析

农历二月初二，中国传统的“龙抬头”节日；民间有许多祭龙、舞龙的庆祝活动。龙也是中华民族的象征，万兽之王！二月初二龙抬头，既有望子成龙、庆贺天下太平之良愿，也有祈求风调雨顺、五谷丰登之美意。

二月二的由来

二月初二，龙抬头，大仓满，小仓流……

二月二即“中和节”，在农历二月二，俗称龙抬头。此时正值惊蛰前后，春归大地，万物复苏，蛰伏在泥土或洞穴中的昆虫蛇兽将从冬眠中醒来，传说中的龙也从沉睡中醒来，故名龙抬头。

古时，龙是神圣的象征。古人认为，龙为水族之王，受玉皇大帝之命，行使司雨之职，故此，人们便不约而同地虔敬和隆重地祭祀龙，向龙乞求平安和兴旺，久而久之，龙便成了人们理想中的“百虫之长”，是排灾祛凶的神物和吉祥兴旺的象征。

明代曾流行熏虫儿，二月二这天人们要把元旦祭祀余下的饼，用油煎，以此熏床和炕，叫熏虫儿。我国北方大部分地区，家家户户打着灯笼到井边或河边挑水，回到家里便点灯烧香、上供，叫“引田龙”。

有趣的是，这天的饮食也多以龙为名。吃水饺叫吃龙耳，吃春饼叫吃龙鳞，吃面条叫吃龙须，现在的“龙须面”大概就是由此得名的。

> 现在，更多的人讲究在这天剃头理发，叫“剃龙头”。妇女在这天还不动针线，据说是为了避免伤龙眼。也还有以蜡烛照房子墙壁，有“二月二，照房梁，蝎子蜈蚣无处藏”之语。

庆贺二月初二龙抬头，一般为三天，从正月三十开始，到二月初二结束，初二为正日子。期间忌荤吃素三天，大部分村庄请戏班子唱戏，也有个别村庄放焰火，恭送龙王升天，祈求风调雨顺。

◉二月二促销推荐商品

在二月二这天，人们最热衷的活动就是理发，无论大人孩子都要剃头理发，这一习俗称为“剃龙头，主富贵”，因此美容美发用品、头饰品是这一节日的热销品。美容美发店也可以配合这一节日开展各种游戏、抽奖等促销活动。

二月二促销方案

方案：“二月二龙抬头”　头饰大展销

- 促销主题：“二月二龙抬头”　头饰大展销
- 促销时间：农历正月二十五至二月初二当日
- 促销目标：借助“二月二龙抬头”这一民间习俗，扩大头饰品的销售量，提高品牌知名度，增加商品销售额
- 促销形式：打折优惠大促销
- 促销对象：女性顾客
- 促销项目：所有头饰品
- 促销内容：

促销 POP

> **“二月二龙抬头”　头饰大展销**
>
> 亲爱的顾客朋友：
>
> 农历二月初二，是天上主管云雨的龙王抬头的日子，每逢这一天人们都要“剪龙头”、“扮龙头”，以讨个吉利。为了给这一传统节日增添喜庆气氛，本店将从农历正月二十五至二月初二举办大型头饰品展销活动。

原价50元的头饰，现价33元；原价100元的头饰，现价77元；原价200元的头饰，现价162元。

另外，本店还特别精选上百种质优价廉的头饰商品，价格在1元到几百元不等，任您选择，为您添彩。

心动不如行动，您还等什么？

快让这珠光璀璨的头饰品把你的生活装扮得更加绚丽多彩吧！

活动时间：农历正月二十五至二月初二

◉方案操作说明（供促销策划与执行人员参考）

1. 展销时，优惠的商品应同时标明原价和促销打折后的价格，以便取信于消费者；促销结束后，应立即恢复原来的价位，提高店铺的商誉。

2. 展销商品应品种齐全，价位较低的商品可以做堆头陈列，分为1元区、3元区、5元区等；价位较高的商品，则要做主题宣传和专门陈列，同时可以赠送部分小礼品。

3. 头饰品都是小件商品，因此必须做好展销期间的防盗、防损工作，应该由专人负责。

二月二促销经典案例

案例：法兰西施“神采之星”大评选

二月二龙抬头，这个中华民族特有的古老节日，如今却已经成为美容美发业的盛大节日。“巴黎·法兰西施”化妆品专柜就曾借助这一节日，举办了一次非常成功的形象宣传和产品促销活动——法兰西施“神采之星”大评选。

促销策划案

主办单位："巴黎·法兰西施"化妆品专柜

活动目的：借助实地演示性的促销活动，扩大产品销量，提升品牌的社会形象和美誉度

活动对象：所有选购"巴黎·法兰西施"化妆品的消费者

活动内容：

活动期间，在"巴黎·法兰西施"化妆品专柜购物消费满220元的顾客，除可免费获赠滋润乳1瓶或营养霜1瓶外，还能到指定地点参加美容培训，接受现场指导。

另外，如果你有足够的自信，可参加法兰西施"神采之星"的评选活动，由专业摄影师免费帮你拍照。当选者将获得"神采之星"的美誉，照片将刊登在报纸上。同时，获奖者还可获赠精美礼品1份。

◉案例评析

这次活动成功的关键在于，能将评选"神采之星"作为活动的最终落脚点：

1. 化妆品消费群多为爱美之人，她们很希望看到自己经专业化妆师和摄影师的"神来之笔"后，会有怎样的风采，因此，活动形式较易得到目标消费群的认可和接受。

2. 本次活动定期把普通消费者的照片刊登在公众上，颇能吸引众多的年轻消费者。不少消费者的倩影频频出现在报纸上，对消费者也有一种无形的吸引力。

当然，本次活动也有不足之处。比如，参加活动者需要具备一定的天赋，如果自觉不大上镜的小姐，就会对活动不感兴趣。另外，活动若能赋予"神采"更多的内涵，将比仅停留于容貌上的化妆和摄影更具影响力。

你问我答（相关知识链接）

美容美发业之促销分析

美容美发业属于服务业，是一种对人体的有形服务活动，借着服务的施行，满足消费者爱美的心理需求。这一活动要求顾客必须直接参与服务的生产过程，即必须进入提供服务的场所，并花费一段固定的时间接受服务。

1. 行业特性分析

对美容美发业而言，顾客的满足与否，将取决于服务的过程、服务人员的态度、店铺的位置、场地氛围以及时间安排的便利与否等多种因素。因此，这一行业有如下几方面的特性：

- 贩卖美丽：美容美发从业人员作为美的销售员，把无形的希望提供给消费者。
- 从属性高：顾客的忠诚度倾向于设计师而非店铺本身，即消费者会与服务的提供者有长期关系。
- 地缘性高：在住宅区内，顾客以周边一带居民为主，而在商业行为较繁盛的商圈内，则以附近的上班族和逛街人潮等流动人口为主，并以同区域店铺为主要竞争对象。
- 技术的贩卖者：以专业技术代替实质的商品。
- 高度消费者取向：服务人员要能配合不同顾客的需求状况，做出不同的反应，并对顾客提供全方位的服务。
- 家庭式作业：属于较传统的经营模式，在空间装潢上多不重视，并以低价服务附近居民，通常设备、人手较少。

2. 行业促销情况分析

- 美容业曾使用过的促销活动的类型百分比分析（见下图）：

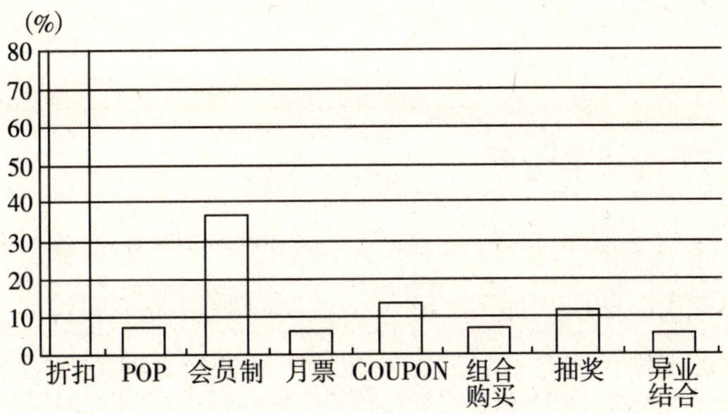

86.7% 的业者使用过折扣的方式，46.7% 的业者使用过 POP 的方式。

- 美容业曾使用过的促销活动的有效度分析（见下图）：

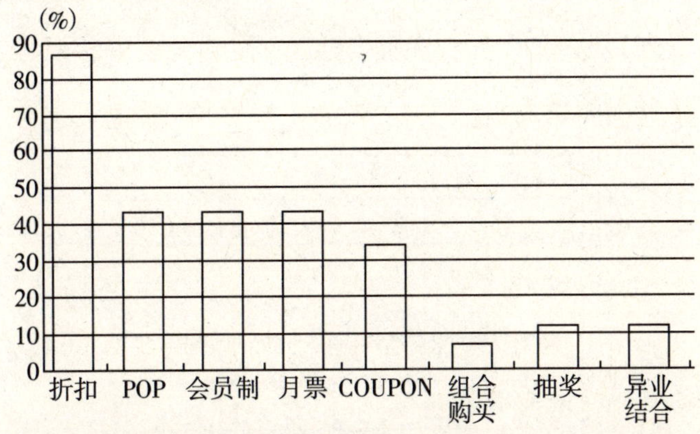

调查显示，折扣是较有效的促销方式，会员制的功能可以培养消费者的忠诚度和提高消费者的初期消费量。

- 美容业从业者认为较适用的促销方式（见下图）：

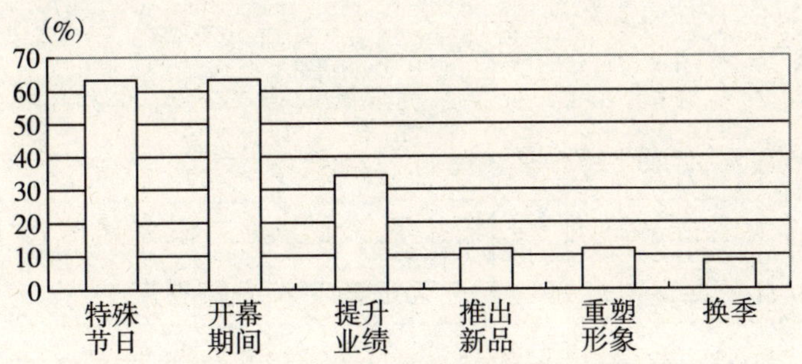

美容业从业者认为较适用的促销方式依次为折扣、会员、POP、DM，分布较平均，依其特性可知在给予消费者实际的利益方面，倾向以折扣、会员制为主，而 DM 与 POP 则以告知活动及提高知名度为主要任务。

- 美容业举办促销活动的不同时机所占比率的分配（见下图）：

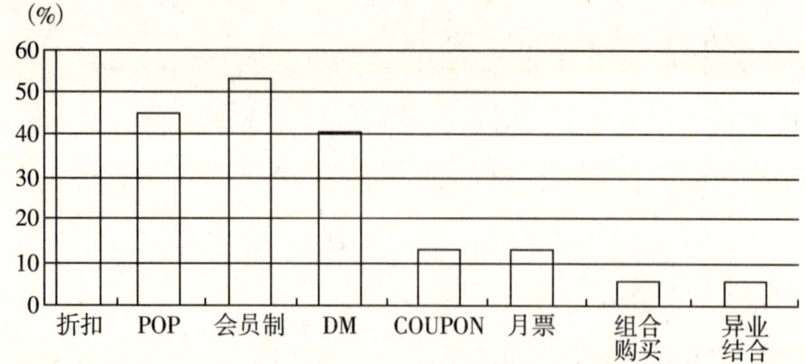

较常使用的促销时机多为特殊节日与开幕期间，因此美容业的促销活动倾向于以时间划分作为活动举办的考虑因素，而平时则以提升业绩为主要目的。

- 美容业选择促销活动方式的考虑因素统计（见下图）：

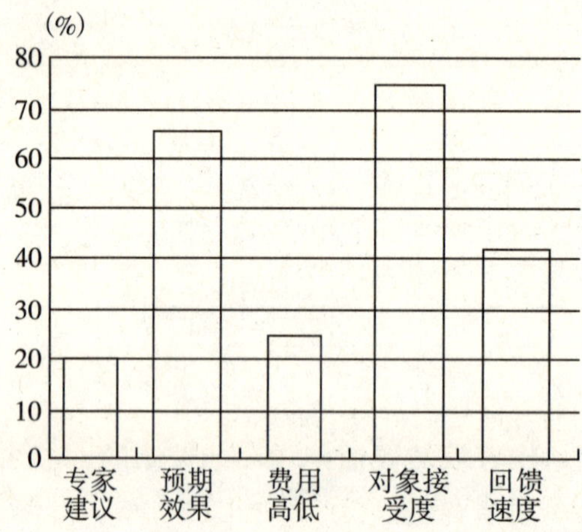

美发业强烈的顾客取向决定了消费者的接受程度与喜好、预期效果与回馈速度将影响其促销方式的选择，而促销所需的花费也是重要的考虑因素。

- 举办促销活动希望达到的目的（见下图）：

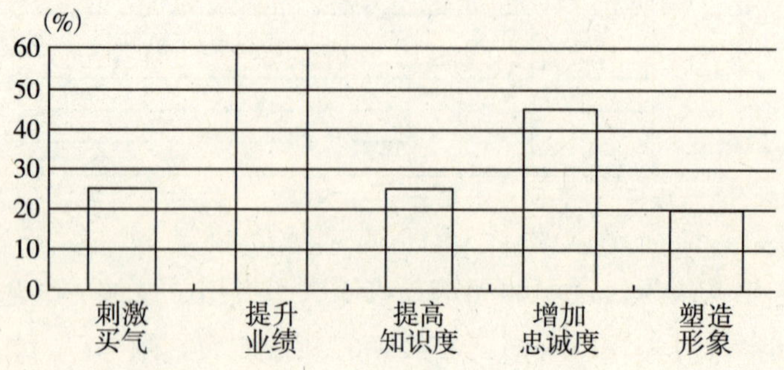

对美容美发业而言，其最终的促销目的在于稳定客户群，而提升业绩可说

是其短期最紧迫的活动目的。

美容美发业2大最佳促销方式

从上述分析可以看出，一般情况下，美容美发业使用的促销活动，以折扣、降价最为普遍，而从促销的效果评估来看，业者则认为折扣、降价和会员优待制是最为有效的促销方式。

1. 降价

降价是一种最直接回馈消费者的促销方式，利用的是一般人贪图便宜的心理，从而刺激其消费或吸引其进行第一次消费。

温馨提示

- 由于美容美发业的从属性高，利用此法可以达到固定顾客群的目的，并可在促销期间，刺激老顾客的消费兴趣，并鼓励顾客自动改变他们的消费计划，达到提升营业额这一最终目的。
- 在开展降价促销时，店铺可以配合店头POP、发宣传单或各种促销物来告知消费者，对于一些固定的熟客，可以电话告知。

2. 会员优待制

在会员制的关系中，会员要比临时消费者享有优惠折扣、预约时段、促销活动的事先告知等特权，店铺与顾客建立此种关系，可以提高顾客的忠诚度。另外，会员制有助于店铺准确掌握目标消费群，明确了解现有顾客群的概况和他们的消费特性。

在采用会员制方式建立顾客档案时，要详细记录顾客的发质、消费记录、生日、特别需求等相关资料。在会员生日或特别节日时，可给予电话上的问候，或辅以寄发折价券，以达到刺激其“循环消费”的目的。

温馨提示

美容美发业会员卡的发放方式大致可分为以下三种：

1. 累积一定的消费额度或消费次数。
2. 缴纳一定的入会费用。
3. 特定期间内消费即赠。

第 6 章　妇女节促销

三八妇女节的由来与促销分析

三八妇女节又称“国际劳动妇女节”或“联合国妇女权益和国际和平日”，是世界各国妇女争取和平、平等和发展的节日。节期在每年的 3 月 8 日，故又称为三八节。一个世纪以来，各国妇女为争取这一权利做出了不懈的努力和斗争。

妇女节的由来

1857 年 3 月 8 日，美国纽约的服装和纺织女工举行了一次抗议游行，反对非人道的工作环境、12 小时工作制和低薪，游行者被警察围攻驱赶。两年后的 3 月，这些妇女组织了第一个妇女工会。

1909 年 3 月 8 日，美国芝加哥女工又一次举行了声势浩大的罢工和示威游行，提出“面包和玫瑰”的口号，要求增加工资、实行 8 小时工作制和获得选举权。面包象征经济保障，玫瑰象征较好的生活质量。这一斗争得到了美国和世界上广大劳动妇女的热烈响应和支持。

1910 年，德国社会学家蔡特金等在第二届国际社会主义妇女代表大会上倡议，将每年的 3 月 8 日作为国际劳动妇女的节日。1911 年，美国、德国、奥地利、丹麦、瑞士等国的劳动妇女首次举行了国际劳动妇女节的纪念活动。

1917年，俄国妇女号召在2月23日罢工以要求“面包和和平”，抗议恶劣的工作环境和食物短缺。这天依据俄国使用的儒略历是当月的最后一个星期日，折合成欧洲广泛使用的格里高历是3月8日。

1977年，第32届联合国大会正式把每年的3月8日定为“联合国妇女权益日和国际和平日”。因此，对联合国而言，国际妇女节的法定节日为每年的3月8日。不过世界各国的妇女节并不完全一致，如南非就规定：每年的8月9日为“妇女节”。

我国妇女首次纪念三八节的活动是在1924年。1924年3月8日，中国各界妇女在广州第一次举行纪念三八妇女节的集会，并提出“打倒帝国主义军阀”、“废除多妻制、禁止纳妾”等反对帝国主义、反对封建制度、维护妇女权益的口号。

1949年，新中国成立后，中央人民政府作出决定，将每年的3月8日定为妇女节，该日全国妇女放假半天，并举行各种仪式的纪念和庆祝活动。

三八节是女性的节日，更是众多商家的节日。按照以往惯例，三八节这天的销售额要比平常的日子增加一倍。因此，无论是引导女性消费的互动活动，还是针对女性商品做的特别促销，都将在3月8日前一周拉开帷幕，迎接八方来客。

◉元宵节促销推荐商品

三八节期间，女性顾客的购物比例较高，而借此机会向女性表达自己心意的男士也会走进商场购物，商场的客流相对较多。因此，这一节日算得上是一个相当成熟的消费日。

1．女装热卖大优惠

3月是春装上市的大好机会，而女装更是春装中的亮点。借助三八节推出女装热卖大优惠活动可谓上上之选。同时，已经过季的冬品服装，也可借此节日疯狂甩卖，清仓销售。

2．模特走秀品牌内衣

各种品牌内衣在这个女性的节日同样受到青睐。商家可以通过举行现场的模特走秀，以立体方式展示内衣的春夏新款，还可请资深专业美体顾问现场为顾客解答内衣的保养知识，提升品牌知名度，提高产品销量。

3. 女性饰品、 化妆品

节日期间，很多女性都会为自己选购几款心仪已久的金银饰品、化妆品；而很多男士也会借此为自己的女性亲朋选购一些首饰、饰品和化妆品，作为对她们的节日祝福。

4. 家居日用品大促销

过节的同时，女性顾客还会顺便为自己和家人添置一些日常生活必需品，因此各大超市可以借此机会，以各种优惠、打折的促销方式向顾客推荐各种家居日用品。

亮丽妇女节，促销3方案

方案1：评选家庭烹饪妙招送大礼

- 促销主题：家庭好“煮”意，分享得大礼
- 促销时间：3月3日—3月8日
- 促销目标：通过“参与活动即可得大礼”来刺激消费者，尤其是目标顾客群，达到与顾客联络情感，培养忠诚度的目的
- 促销形式：竞赛评选与礼品赠送
- 促销对象：所有顾客，以家庭主妇为主
- 促销内容：

促销 POP

家庭好“煮”意，分享得大礼

亲爱的顾客朋友：

您的“煮”意与众不同吗？您想和更多的人分享烹饪妙招吗？您希望自己绝妙的“煮”意在得到赞美的同时还能得到大礼吗？赶快来吧，参加××卖场“家庭好‘煮’意，分享得大礼”活动。

不管是炸、炒、滚，还是煮、焖、蒸，不管是您学来的，还是您亲身体会的，都可以把你的好“煮”意写下来，投到本卖场家庭好“煮”意征集箱内，让更多的人分享您的绝妙高招。

活动奖励方案如下：

1. 凡参加活动的顾客，均可领取小礼品一份，每天限50份，送完为止。

2. 卖场将于3月8日邀请店内专业厨师，从中评选出最佳创意奖1名，最佳“煮”意奖3名和优秀“煮”意奖38名，并赠送礼品和颁发证书。

3. 最佳创意奖（1名）：奖总价值380元的商品一份；最佳“煮”意奖（3名）：奖总价值138元的商品一份；优秀“煮”意奖（38名）：奖价值38元的优质大米1袋。

4. 3月9日，评比结果将公布于卖场正门宣传板上，并附上好“煮”意菜谱，中奖的顾客于3月15日前凭有效证件到商场服务中心领取奖品，逾期作废。

活动时间：3月3日—3月8日

◉方案操作说明（供促销策划与执行人员参考）

妇女节虽然不是大节，但该节刚好处于销售开始下滑的3月，多数商场都会利用妇女节大做文章，以减缓销售下滑的幅度。这一促销方案正是提升卖场人气、联络顾客感情并培养顾客忠诚度的最好方式。

1. 在家庭中，主妇是厨房的主角，她们尤其关注好的烹饪方法，而好“煮”意也多从她们手中产生，因此宣传海报和入口处的大型看板要突出“煮”这个主题和“3月8日”这个节日。宣传单的发放以住宅小区、菜市场和卖场门口为主。

2. 参与即送礼品，是激励顾客参与积极性的关键点。由于礼品数额较大（50份×8天=400份），可选择库存的积压商品作为礼品，以实用为主，单份礼品控制在5元以内，总成本控制在50份×8天×5元=2000元以内。

3. 获奖证书的设置要精美高雅，既能体现卖场风格，又要让获奖者产生荣誉感。证书可联系相关单位定做，每份成本控制在3元左右，共需42份×3元=126元。

4. 最佳创意奖和最佳“煮”意奖只需控制住奖品总价值，具体奖品可由获奖者在卖场所售商品中选择，以零售价格为标准，奖品总价值控制在380元+138元×3份+38元×38份=2238元。

5. 评比结果公布后，可与获奖者协商，请他们定期为感兴趣的顾客讲解好“煮”意的具体操作细节，将促销活动延续下去，达到长期促销效应。

方案2：商场送美丽，生日赢大奖

- 促销主题：美丽与您同行，生日有我相伴
- 促销时间：3 月 3 日—3 月 8 日
- 促销目标：以节日优惠和抽奖活动为契机，增加客流量，提升卖场知誉度，提高商品销售量
- 促销形式：折扣促销与抽奖促销
- 促销对象：以 3 月 3 ~8 日出生的女性为参与抽奖的对象
- 促销商品：所有商品
- 促销内容：

促销 POP

美丽与您同行，生日有我相伴

亲爱的顾客朋友：

为回馈广大顾客对本店的支持与厚爱，在我们女性的伟大节日——三八妇女节来临之际，本店特举办“妇女节优惠大酬宾”活动。凡活动期间来本店购物的女性顾客，所有商品均可享受9折至7.5折不等的优惠。

同时，商场服务中心还专门设立了“妇女节幸运抽奖箱”。如果您是3月3至8日中任何一天出生的女性，均可凭购物小票和身份证到服务中心参与“美丽与您同行，生日有我相伴”的抽奖活动。

抽奖办法为：

在购物小票背面写上您的姓名和联系方式，并携带身份证原件到服务中心，经有关人员确认后，将购物小票投入“妇女节幸运抽奖箱”中，就有机会获得商场“妇女节礼品包”一份。

礼品包中含有帮您美丽健康的××护肤霜、沐浴露、洗发水和阿胶乌鸡精1盒（20毫升×10），总价值138元。

3月8日下午，将请现场消费满138元的顾客从“妇女节幸运抽奖箱”中抽取8名幸运的女性朋友，名单公布在商场正门宣传板上。

领奖时间：3月8日下午至3月10日，逾期作废。

活动时间：3月3日—3月8日

◉方案操作说明（供促销策划与执行人员参考）

妇女节期间推出打折优惠等促销活动并不罕见，但依然可以吸引很多女性消费者的目光。而本方案的特别之处在于：寻找妇女节期间（3月3～8日）过生日的女性顾客，并赠送幸运大礼包，让美丽和幸运同时光顾幸运之人。

这一促销活动的操作并不复杂，但以下几点需要执行人员特别注意：

1. 促销宣传单和入口处大型看板，以喜庆、精美为主调，突出美丽和生日这两大关键点，这样才能引起更多消费者特别是妇女节期间过生日的女性顾客的注意。宣传单的发放以繁华街道、卖场门口和住宅小区为主。

2. 商场服务中心可设在卖场服务台，并悬挂“美丽与您同行，生日有我相伴”的大型宣传条幅。“妇女节幸运抽奖箱”要明显突出，颜色与宣传单色调一致。

3. 服务中心应由专人负责，验看身份证和购物小票时，要注意提醒消费者在小票背面注明姓名和联系方式（最好是电话）。

4. “妇女节礼品包”中的奖品总额控制在138元×8份＝1104元（以零售价为标准），可与销售商或厂家直接联系，并用为其做大型堆头或特别陈列为交换，减少礼品包的费用支出。

5. 现场抽奖者的选择也是吸引客流的一大方式，因此需做好这方面的宣传，并对抽奖者给予一定的奖励，比如赠送价值38元的礼品等。

6. 抽奖时可播放喜庆欢快的背景音乐，请抽奖者谈谈自己的感受；如果获奖者也在现场，也可以请获奖者谈谈自己的感受，以促进卖场与消费者的感情交流。

方案3：三八购物转转盘，幸运大奖等你来

- 促销主题：三八购物转转盘，幸运大奖等你来
- 促销时间：3月7日—3月8日（8:30—20:30）
- 促销目标：吸引目标顾客，尤其是女性顾客的目光，激发顾客的购买欲，促进卖场销售的增长，并吸引新顾客群的注意力，培养顾客的忠诚度
- 促销形式：转转盘得大奖
- 促销对象：所有女性顾客和购物满38元的男性顾客
- 促销商品：所有商品
- 促销内容：

促销POP

三八购物转转盘，幸运大奖等你来

亲爱的顾客朋友：

扮靓女人天，购物添光彩。在三八节这个所有女性的伟大节日，我超市特推出“三八购物转转盘，幸运大奖等你来”活动。

活动期内，凡在本商场超市购物的女性顾客（无论金额多少）和购物满38元的男性顾客，即可转动幸运大转盘一次。如果你转中的时间正是你购物的时间段，我商场将赠送您相应的三八节礼品一份。

每天分十个时间段赠送礼品，礼品总价值1200元，奖品多多，幸运多多，一票限转一次。

活动时间：3月7日—3月8日

◉方案操作说明（供促销策划与执行人员参考）

1. 活动除了准备宣传单和卖场入口处的大型看板、店内促销POP外，还需提前做好一个“幸运大转盘”，转盘划分为12个时间段，每个时间段所占面积可依照卖场客流量的多少来决定。

2. 预计每天每个时间单元送出赠品10份，每份价值10元，机动费用1200元。企划部须根据客流等情况，将赠品赠送数量尽量控制在预示之内（如控制好时间、参与人数等）。若赠品赠送数量高于预计数量，必须使超出费用在机动费用1200元以内。

3. 活动时间以购物小票上的时间为标准；赠品以卖场库存商品为主，但须经过重新包装和搭配，并应尽量选择那些受女性消费者欢迎的产品。

妇女节促销经典2案例

案例1：买“太太口服液”，赢璀璨钻石

“太太口服液”利用钻石象征恒久爱情的特点，推出了“钻石恒久远，太太长相伴”的促销活动。由于“太太口服液”的消费群体多为夫妻家庭，所以“太太口服液”的促销活动很能抓住他们的情感需求——以情促销。

促销策划案

主办单位：深圳太太药业有限公司。

活动目的：通过钻石象征恒久爱情，以情感诉求塑造卖点。

活动对象：购买“太太口服液”的消费者。

活动内容：

消费者只要在活动期间购买盒上有钻石图案的“太太口服液”30支礼盒装，即有机会赢取璀璨钻饰。获奖钻石由始于1888年的世界钻石权威Debasers赞助。

“钻石太太奖”共100名，各送价值5000元的钻饰。获奖钻饰由国家珠宝玉石质量监督检验中心提供品质证书。

◉案例评析

由此促销案例我们可以看出，这种通过奖品来提供让消费者购买本产品的理由，突破了奖品本身的奖励功能，做到了为产品的品牌形象增色，使促销活动激励了消费者的情感需求。

特别点评

为配合本次促销，太太药业公司特地定制了钻石图案包装礼盒，以意寓购买“太太口服液”是为了让你的美丽像晶莹钻石那样恒久远。

此外，这还是一种针对先生们的诉求，暗示了买“太太口服液”，让体贴与关爱似钻石恒久生辉。于是，这种购买理由就有可能拓宽购买群，让促销活动更加成功。

案例2：三八节三八折，购物为您添“彩头”

广西某老板开了一家占地1000多平方米、囊括诸多品牌的服装大卖场。然而几年下来，卖场积压了大量的库存品，企业压力很大。为出清这些库存积压，老板借助“三八妇女节”，进行了一次非常成功的促销活动。

促销策划案

主办单位：广西某服装大卖场

活动目的：借节造势，出清多年来的库存积压商品

活动对象：所有顾客，但主要面对女性消费者

活动内容：

为更好地借助三八节这一特殊的销售机会，节日前夕，公司特请广告公司精心设计，将卖场所在的整个楼层的外围做了喷绘，并打出“3月8日，为感谢所有母亲，全场三八折”的大型促销标语。

同时，为吸引更多顾客，提高消费者的消费热情，公司还特意将部分知名品牌和春装新款摆上柜台。于是，很多顾客在购买过程中，纷纷打电话通知亲朋好友前来购买。

◉案例评析

这次促销活动从促销广告打出之时开始，已经成了这个城市的轰动性新闻。根据消费者的估算，三八折卖货企业肯定是要赔钱的，而商家赔钱就说明顾客受益。

于是，半信半疑的顾客走进卖场不久，就出现了疯狂抢购的场面。当人们抢购的时候，已经来不及关注货品是新款还是老款了。据说，商家为维持秩序，甚至请来了武警。

特别点评

对企业而言，这次促销活动虽然在一些新品上赔了钱，但多年的库存能够一次出清，不仅让老板放下了心中的一块石头，更为即将上市的新品腾空了库房和货位。因此，这是一个通过人气造势，先舍后得的经典促销案例。

你问我答（相关知识链接）

何为“折扣促销”

所谓“折扣”，指企业通过降低商品的售价，以优待消费者的方式促进销售。“折扣”是促销活动中最常见的一种促销形式。如“原价8元，现价6元”、“八折优惠”“买×送×”等等诸如此类，均属于“折扣促销”。

“折扣促销”又可细分为直接折扣、间接折扣、套餐折扣、指定折扣和时段折扣等多种形式。但无论是哪种形式的折扣，其核心内涵均为：企业让利，顾客省钱，双方共赢。

温馨提示

企业在进行“折扣促销”时，须特别注意以下几点：

- 诚信原则：诚实标示商品原价多少、特价多少，万不可将原价高标，让消费者误以为差价很大而购买。且活动档期一过，应立即恢复原价，以昭公信。
- 眼光放远：为吸引顾客光顾，别吝啬于给消费者占些小便宜，应将损失的毛利规划于促销预算内。
- 活动告知：举办特价促销时，活动信息的告知很重要，诸如商圈内派送DM、主顾客的联系都不可缺少。必要时可制造话题，让消费者有所期待。

● 折扣适中：商品折扣过多会引起消费者的怀疑而降低品牌的忠诚度，因此要设法减少特价带来的负面作用，利用特殊名目，如节日、周年、销售突破××等举办折扣促销。

如何做好“抽奖促销”

对消费者而言，要参加抽奖活动是有条件限制的，比如：顾客必须在店内消费一定的金额，或购买特定的商品，才能参加抽奖活动。当然，这种促销活动的其他形式还有很多，例如刮卡兑奖、摇号兑奖、拉环兑奖、包装内藏奖等。

举办抽奖活动时，奖品的选择非常重要，是吸引消费者的关键，这些商品应具备如下特点：

1．适合商店的目标顾客群，是他们喜爱的商品；

2．新潮、流行、具话题性的产品；

3．知名品牌性产品；

4．实用性高或顾客想拥有的产品，如摩托车、家电、现金、礼券等。

温馨提示

企业在进行“抽奖促销”时，须特别注意以下几点：

● 抽奖活动要遵守公平交易的原则来进行，中奖者要注意相关法规及缴税规定。

● 抽奖时间、地点、换奖期限、奖品可否兑换成现金等问题，均需于DM上注明，以避免不必要的麻烦。

● 参加抽奖的条件不宜过高，只要比历史平均顾客交易金额稍高即可，以避免降低参与意愿。

● 必须公开抽奖，请律师或相关部门监督检查，但这样费用会相对过高，这些情况一定要在策划和预算中考虑周全。

第 7 章　消费者权益日促销

维权与促销——3·15 消费者权益日

1983 年，国际消费者联盟组织把每年的 3 月 15 日定为国际消费者权益日，并规定：消费者享有获得安全保障、获得产品正确资料、自由决定选择以及要求赔偿和要求保障有益的健康环境的权利。从这一天起，每年的 3 月 15 日成为全世界消费者的盛大节日。

消费者权益日的由来

随着现代消费品结构的日趋复杂，消费事故频繁发生。1936 年，美国出现了世界上第一个消费者组织——消费者联盟。1960 年，美国、英国、澳大利亚、比利时和荷兰 5 个国家的消费者发起成立了独立的、非政治性的国际消费者联盟组织（简称 CI）。

现在，全世界共有 90 多个国家的 300 多个消费者组织加入了 CI。同时，世界性的保护消费者活动也受到联合国组织的重视。1983 年，国际消费者联盟组织确定每年的 3 月 15 日为“国际消费者权益日”。

据说，这一节日的诞生，基于美国前总统肯尼迪的一项咨文。

1962 年 3 月 15 日，美国前总统约翰·肯尼迪在美国国会发表了《关于保护消费者利益的总统特别咨文》，并首次提出著名的消费者“四项权利”：有权获得安全保障，有权获得正确数据，有权自由决定选择，有权提出消费意见。

同时，国际消费者联盟组织表示，选择这一天作为“国际消费者权益日”，也是为了扩大宣传，促进国际范围内保护消费者的活动。如今，“国际消费者权益日”的纪念活动已经非常丰富，主要包括：

举行记者招待会或发布新闻公报，向公众介绍消费者组织的活动情况，公布新的一年的工作计划，告诉人们消费者组织将为保护消费者利益做哪些工作。

开展宣传活动，通过发放传单或消费者刊物、电视节目、咨询和多种形式的展览等活动介绍“国际消费者权益日”的内容，努力提高一般消费者的认识。

积极倡议各国采用加强立法、新闻、检验、标准化等手段保护消费者的利益，并设立保护消费者权益的专门机构，加重惩处侵害消费者合法权益的行为。

同时，国际消费者联盟组织还规定，消费者享有：安全权、知情权、选择权、公平交易权、损害赔偿请求权、结社权、受教育权、受尊重权、监督权，以及法律赋予的隐私权、姓名权、肖像权、名誉权、荣誉权等14项权利。

1987年9月，中国消费者协会正式加入国际消费者联盟组织，并在每年的3月15日组织全国各地的消费者和企业，举办大规模的“国际消费者权益日”宣传咨询服务活动，活动形式丰富多彩，声势浩大，影响深远。

随着维权运动的深入，3·15已经成为消费者心中一个盛大的节日。当然，消费者的节日就是商家的节日。随着3·15消费者权益日的到来，各大超市、卖场以及各大企业、品牌都期望利用这个机会，举行各种各样的降价促销活动来吸引消费者。

◉消费者权益日促销推荐商品

有节日的时候就有活动，也有实惠的促销，这已经成为各行业的一个特点。那么，3·15这个属于广大消费者的特殊日子，商家该准备哪些特别的促销活动呢？

1．软件行业“盗版换正版”活动

最让软件行业和消费者头疼的就是盗版软件。但在3月15日这一天，很多软件生产企业和销售商都会打出这样的大幅标语：用盗版换正版——3·15维权活动。这样的活动在3月15日推出，既可提升企业形象，又能提高产品销量，可谓一举两得。

2．家用电器大优惠

在消费者心中，3·15是最安全的日子，很多人也会选择在这一天购买需要质量保证的大型家用电器，如冰箱、彩电、空调、手机等。此时，商家的让利销售必能吸引其目光。

3．绿色·健康主题促销

在3月15日这一天，最能吸引消费者，也最为时尚的促销主题当属绿色和健康。因此，以绿色和健康为主题的服装、保健品、化妆品、食品以及日常用品都可以成为节日的促销商品。

“情牵3·15”系列促销4方案

- 促销主题：情牵3·15，情动你我他——大型酬宾活动
- 促销时间：3月12日—3月17日
- 活动口号：情牵3·15，与幸福同行，与精彩握手
- 促销目标：借助3·15这个消费者的节日，以系列促销活动和真情奉送吸引客流，提升卖场美誉度和知名度，提高节日卖场销量
- 氛围布置：3·15消费者权益日，卖场为树立自身形象，可推出咨询、解答、质量保证等活动。卖场气氛促销可做质量宣传横幅、质量宣传墙报、海报等

方案1：春潮涌动3·15，8.8折让利大酬宾

- 促销时间：3月10日—3月20日

- 促销形式：8.8 折让利促销
- 促销对象：所有顾客
- 促销内容：

促销 POP

春潮涌动3·15，8.8 折让利大酬宾

亲爱的顾客朋友：

走在风和日丽的3月，您一定被春风春雨感动，被自己的浪漫情怀感动，现在，请让我们来感动您。油盐柴米酱醋茶，让我们为您精打细算，漫漫风雨人生路，我们真诚陪您走。

为感谢广大顾客朋友多年来对我们的关怀和信任，我们的感恩行动将于3月12日至3月17日，这个消费者的节日期间闪亮登场。让历史见证3·15，更见证你我之间的真挚情感。

活动期间，除名烟名酒、特价商品和部分专柜商品外，全场商品一律8.8 折让利大酬宾。您欢喜，我欣慰，×××超市永远是您生活的好帮手。

活动时间：3月12日—3月17日

◉方案操作说明（供促销策划与执行人员参考）

此方案为“情牵3·15”系列促销活动中的一部分，以打折让利为卖点，因此在促销宣传单和宣传海报中要着重强调“8.8 折让利大酬宾”这一关键点。其中“8.8”可特意设计为“8.8 发又发”的形式，利用数字谐音引发消费者的购物热情。

方案2：爱洒3·15，漂亮风筝送宝宝

- 促销时间：3月10日—3月20日
- 促销形式：购物消费满××元送××赠品
- 促销对象：所有家中有小孩的顾客
- 促销内容：

促销 POP

爱洒3·15，漂亮风筝送宝宝

宝宝的妈妈、妈妈的宝宝：

春天离我们远吗？春天离我们不远，它就在窗外，就在我们身边，就在孩子们手中那小小的风筝里面。一只小小的风筝，承载的是孩子的梦想，放飞的是孩子的心情。

亲爱的爸爸妈妈们，请您帮孩子将××超市的风筝带回家中，同时也请您把××超市的祝福捎到孩子的心上，祝福您的宝宝健康成长，天天向上。

亲爱的宝宝，只要你的爸爸妈妈代你在本超市购物消费满31.5元，这只漂亮的风筝就是你的了，你可以随心所欲地将它与梦想送给蓝天和白云。

爱洒3·15，漂亮风筝等着你，赶快行动吧！

活动时间：3月10日—3月20日

◉方案操作说明（供促销策划与执行人员参考）

此方案是“情牵3·15”系列促销中针对家中有孩子的顾客设计的，其卖点是孩子的梦想和风筝，因此在促销宣传单和宣传海报中要着重强调梦想和风筝的关系，可将蓝天、白云、风筝、儿童作为促销宣传单和宣传海报的背景。

作为赠品的风筝，可联系风筝生产厂家定做，以童趣、梦想和祝福为主调。同时，可以在卖场开辟专门的风筝陈列展示，以此与风筝的生产商或销售商换取赠品，以减少促销费用。

方案3：情牵3·15，问卷调查得大奖

- 促销时间：3月10日—3月20日
- 促销形式：答调查问卷，参加抽奖活动
- 促销对象：在本店购物满31.5元的所有顾客
- 促销内容：

促销 POP

情牵3·15，问卷调查得大奖

亲爱的顾客朋友：

时逢3·15消费者权益日，为答谢您对本店一直以来的关心和支持，近日起，凡在本店购物消费满31.5元的消费者，凭购物小票到服务中心领取“有奖调查问卷”一份，填写后交回服务中心即可参与现场摸奖。奖品设置如下：

一等奖4名，奖价值38元的文体商品组合一套；

二等奖6名，奖价值28元的化妆品组合一套；

三等奖10名，奖价值18元的任意商品组合一套；

特别奖2名，此奖根据编号评出，奖价值500元的购物券一张。

好心情自然有好运气，好运气一定给您好心情。赶快行动吧！

活动时间：3月10日—3月20日

◉方案操作说明（供促销策划与执行人员参考）

此方案为“情牵3·15”系列活动中的知识宣传部分，在执行时，需注意如下几点：

1. 可与消费者协会共同设置调查问卷，问卷以消费知识为主，并请消费者协会的有关人员做摸奖公证人员。

2. 摸奖处旁边可请消费者协会设置宣传台和咨询台，回答消费者的相关问题，以提高卖场的公共形象，赢得消费者的信赖。

3. 用作奖品的组合套装，可选择卖场库存的商品，但必须保证质量，外包装最好也能重新处理，做成套装产品，以便提升消费者参与的积极性。

4. 价值500元的购物券，可规定为延迟消费用券，比如延迟半个月或一周，这样便于缓解节日促销期间工作人员的工作力度，并能吸引顾客二次光顾。

方案4：走××温馨通道，踏3·15淘金之旅

- 促销时间：3月15日
- 促销形式：游戏促销，奖品赠送
- 促销对象：所有参与游戏的顾客
- 促销内容：

促销 POP

走××温馨通道，踏3·15淘金之旅

亲爱的顾客朋友：

走××温馨通道，踏3·15淘金之旅。我超市15套幸运大礼等你拿。活动细则如下：

3月15日，消费者权益日当天，我们在××超市大卖场内的不同地方分别放置了15套“诚信经营，放心消费”的电脑打印字。如果您能找出完整的一套，请到服务中心把奖品拿回家。

奖品共设15套，每套价值31.5元；每人限找一套。

惊喜送给15位朋友，其中一定有你！

活动时间：3月15日

◉方案操作说明（供促销策划与执行人员参考）

此方案为“情牵3·15”系列活动中的游戏部分，旨在引导消费者熟悉整个卖场布局和浏览所有商品。同时，以“诚信经营，放心消费”八个字为游戏载体，加深卖场在消费者心中的公共形象。

温馨提示

作为游戏载体的打印字，要放置得当，既不可让消费者轻易找到，又不能让消费者找不到。

另外，如果参与此游戏的顾客人数较多，可采用限制时间、竞赛等方式进行，先找到者即为奖品获得者。

表明奖品价值的同时，也可展示一份样品，让准备参与游戏的消费者看到实际奖品，从而有参与游戏的欲望。

15 套奖品均可选择卖场的库存品，但应该有部分产品为消费者喜爱的商品，这样可以提高顾客参与游戏的积极性。

消费者权益日促销经典2案例

案例1：“牡丹”电池以旧换新，工商联合保护环境

新千年的第一个消费者权益日，上海新立电池厂不惜投入30万节电池，与华联超市在上海地区合作举办了一项回收“牡丹”牌废电池的促销推广活动。这次活动不但得到了工商和环保部门的支持，也在消费者心中树立了全新的企业形象。

促销策划案

主办单位：上海新立电池厂和华联超市

活动目的：借助“环境保护”这一主题，提升企业形象，提高产品的销售潜力

活动对象：上海所有“牡丹”牌废电池的拥有者

活动内容：

为保护环境，减少废旧电池对环境的危害，消费者在活动期间，可以在华联超市以4粒“牡丹”牌废电池换回1粒新电池。

为支持这次活动，上海新立电池厂共投入30万节“牡丹”牌5号、7号碱性电池，用于回收废旧电池。同时宣布：所有回收的废旧电池将全部按照环保要求处理。

另外，新立电池厂还宣布，该厂将全年开展这项废旧电池的回收活动，消费者持“牡丹”牌废旧电池，可以优惠价购买新电池。

◉案例评析

新立电池厂不惜投入30万节电池进行这次促销活动，可谓一箭双雕：一方面树立了良好的企业形象，赢得《新民晚报》为其作专题报道；另一方面，消费者免费得到的“牡丹”电池，日后会成为优先选购新电池的原动力。

特别点评

切合时令的公益活动能获得媒体的广泛报道，帮助品牌做推广和宣传。而且，这种公关性质的报道比产品广告更易被消费者信任与接受。因此可以说，凭证式促销与公关促销在这个实例中得到了完美的组合。

当然，时令性的热点报道，其缺点在于来得快去得也快，在一场轰轰烈烈的宣传过后又会“杳无音讯”，而品牌的建立、市场占有率的提升是一个长期持续的工作。

因此，企业在斥巨资取得良好的社会效应后，更应乘胜追击设计出有计划、有步骤的营销策略，以进一步提高品牌知名度与品牌形象。

案例 2：电信装机大优惠，真诚回报消费者

1998 年初，湖北省宜昌市电信局为打开全市的电话市场，决定在 3 月消费者权益日期间，开展一次折价券促销活动，并把促销实绩与每个职工的经济利益直接挂钩。这次活动为电信电话事业做了一次不错的促销示范。

促销策划案

主办单位：湖北省宜昌市电信局

活动目的：借助节日促销和折价券促销的组合式营销，打开全市的电话装机市场

活动对象：所有准备在活动期间安装电话的市民

活动内容：

为回报全市人民对宜昌电信局多年来工作的支持、关心与厚爱，从 1998 年 2 月 1 日至 1998 年 3 月 30 日，市民凭宜昌市电信局的电话装机优惠券装机，可优惠 500 元。

同时，在电信局内部，各单位传达了具体的操作方案，并强调三点：

1. 活动的对外宣传口号一致：不是降价，是回报社会，回报消费者，感谢广大消费者对电信局的关心、支持与厚爱。

2. 优惠券不对外公开发放，而是按一定数量发放给每个职工，由职工向社会发放。

3. 每张优惠券均打有数码编号，电信局从装机回收的优惠券数码编号上，就能知道此优惠券是哪名职工发送的。年底凭回收的优惠券实际装机数与个人的奖金挂钩，每销售一部电话奖励200元。

◉案例评析

宜昌电信局的这次促销活动历时两个月，实际装机3562部，基本上完成了目标任务，活动圆满结束。通过分析，我们可以发现其中一些内在的规律和成功经验：

1. 这次活动调动了全体职工的积极性，这种“全员促销”改变了职工“事不关己”的消极态度，当然比只靠销售部门少数人员搞促销的效果要好得多。

2. 活动把促销实绩与职工个人的经济利益直接挂钩，并作为职工年终考核的标准之一，是这次活动取得实效的一个重要原因。

3. 促销活动在宣传中被冠以“回报社会、回报消费者”的意义，不仅促进了销售，而且提升了企业的形象，从而把商业利益和公众利益有机地结合在一起。

4. 一般的折价券促销，均通过各种方式向消费者大量散发折价券。而这次活动却由内部职工发放，使其在消费者心目中产生了一种神秘感、价值感。正是利用了中小城市消费者这种特殊的购物心理，所以这次活动发放的优惠券实际装机率很高。

5. 这次活动采用电信局公告的形式做广告宣传，操作简单，成本低廉，效果却很好。电信局公告容易使人产生信任感，使得人们没有把它看作是一种商家促销手段。

6. 优惠券发放的数量控制较合适，求略大于供，防止了滥发优惠券的现象，这样做提高了优惠券在消费者心目中的地位，提高了实际装机率。

7. 对没有优惠券的顾客，一律不准以优惠价装机，维护了优惠券的信誉和地位，这也是活动取得成功的原因之一。

你问我答（相关知识链接）

什么是“以旧换新”式促销

“以旧换新”：是指消费者在购买新商品时，如果能把同类旧商品交给商店或企业，就能折抵一定的价款。这实际是将旧商品作为折价券使用的促销方法，是一种能够有效加速新产品销售的途径。

对于采取以旧换新促销方法的商家来说，也许回收的旧商品并没有什么利用价值，因此以旧换新的目的通常是为了消除由于旧商品存在而形成的对新产品的销售障碍。

目前，以旧换新促销十分流行，涉及的商品有自行车、手表、家用电器、家具、住房、黄金珠宝首饰、高压锅、热水器、煤气灶，甚至还有西服、羊毛衫、旅游鞋、炒菜锅等数十种。

“以旧换新”这一促销方法的种类很多，下面我们着重介绍其中的两大类：

- 同一品牌的以旧换新。

同一品牌的以旧换新，主要是为了回馈和稳住老顾客，并吸引新顾客。

据调查，目前城市家庭中的中、高档耐用消费品普遍到了更新换代的时候。很多家庭之所以没有买新产品，主要就是旧产品尚可使用，丢了可惜。以旧换新恰好就为商品提供了一个折价的机会，这就会促使很多消费者提前更新自己的旧商品，即为新商品的销售扫除了障碍。

案例

上海手表厂1994年规定：购买新表时，用上海手表厂生产的一块半钢旧表可以折价15元，一块全钢旧表可以折价16元，一块日历旧表可以折价17元。

杭州老板电器实业公司规定：凡是消费者过去购买的“红星”牌抽油烟机，无论多旧，都可以免费兑换“老板”牌抽油烟机，因为两者属于同一个厂家的产品。

- 不同品牌或竞争品牌的以旧换新。

任何品牌的同类旧产品均可折价换新的做法目前最为普遍，它能吸引所有拥有旧商品的顾客购买新商品，因此促销效果最好。

案例

武汉市中南商业大楼规定：消费者在购买苏泊尔压力锅时，可以用任何一种品牌的旧压力锅折价。这一促销措施很快就吸引了众多武汉市民用家中尚可使用的旧压力锅去换购新苏泊尔压力锅。

这几年，一些大中城市的房地产商甚至推出住房的以旧换新促销活动，消费者在买新商品房时，原有的旧住房可以折抵一部分价款。

“以旧换新”促销方法的优势分析

在实际操作中，很多厂家或商家都担心降价会有损商品形象，引起消费者对商品的怀疑，或担心降价会引发同行中竞相降价的价格战。因此，使用以旧换新的变相降价，既能收到降价的促销效果，又可避免降价带来的负面影响。

- 这一促销方式对于卖方企业来说，可以加速出货，使资金能够快速回笼；并且加速了产品的更新换代，缩短了产品生命周期，对消费起到了很好的促进作用。
- 这一促销方式为消费者提供了处理旧货的渠道，帮助他们解决了一些耐用消费品陈旧过时但又弃之可惜的矛盾，能够有效地刺激消费者的购买欲望，扩大产品的销售量。因为很快就受到了广大消费者的青睐。

温馨提示

由于“以旧换新”促销的成本过高，促销范围比较狭窄，促销时还必须保证商家和厂商有较好的配合关系，因此必须在促销过程中注意其特点，做到对症下药。

同时，“以旧换新”这一促销形式尚未完善，要规范企业的“以旧换新”业务，使其健康地发展，需要政府采取相应措施。

首先，政府应及时制定各种法律法规，杜绝各种欺诈行为，保护消费者的利益。

其次，应制定统一的标准，使“以旧换新”活动标准化、规范化。最后，完善旧货市场也是一项必要的措施，只有渠道畅通，以旧换新业务才有可能继续发展下去。

第 8 章　清明节促销

清明节的由来与促销分析

清明节一般在每年的 4 月 5 日前后，时值阳春三月，春光明媚，桃红柳绿，民间有禁火寒食、祭祖扫墓、踏青郊游等习俗，还有荡秋千、放风筝、拔河、斗鸡、戴柳、斗草、打球等传统活动，是一个极富诗意的节日。

清明节的由来

清明节又叫踏青节，古时也叫三月节，已有 2000 多年的历史，是二十四节气之一。在二十四个节气中，既是节气又是节日的只有清明。关于清明节的由来，一般有两种说法：

1. 晋文公为纪念介子推而设清明节

在两千多年前的春秋时代，晋国公子重耳逃亡在外，生活艰苦，跟随他的介子推不惜从自己的腿上割下一块肉让他充饥。后来，重耳成为春秋五霸之一的晋文公，大肆封赏所有跟随他流亡在外的随从，唯有介子推拒绝封赏。

介子推为了躲避封赏，就带母亲隐居到绵山。晋文公为迫使介子推出来，只好放火烧山。谁知这场大火却把介子推母子烧死了。为纪念介子推，晋文公下令每年的这一天，禁止生火，家家户户只能吃生冷的食物。

2．汉高祖刘邦为祭祖而设清明节

相传秦朝末年，汉高祖刘邦取得天下后，想到父母坟上祭拜，却因连年战争，使得一座座坟墓长满杂草，墓碑东倒西歪，无法辨认碑上的文字。刘邦非常难过，就以纸片祈求父母阴灵指引，终于找到了父母的坟墓。

刘邦非常高兴，马上请人重新整修父母的墓，而且从此以后，每年的清明节必到父母坟前祭拜。后来民间百姓也效仿刘邦，于每年的清明节到祖先的坟墓前进行祭拜，并且用小土块压几张纸片在坟上，表示这座坟墓是有人祭扫的。

基于这两个传说，清明节就有了寒食禁火和清明扫墓的习俗。其实，寒食禁火是寒食节的传统，但由于两节只差一天，渐渐的，寒食与清明就合二为一了，而寒食既成为清明的别称，也变成为清明时节的一个习俗。

同时，按照旧俗，人们要携带酒食果品、纸钱等物品到墓地，将食物供祭在亲人墓前，再将纸钱焚化，并为坟墓培上新土，折几枝嫩绿的新枝插在坟上，然后叩头行礼祭拜，最后吃掉酒食回家。

清明节还有一个别称：踏青节。按阳历来说，清明节在每年的4月4~6日之间，正是人们春游（古代叫踏青）的好时候，所以古人有清明踏青，并开展一系列体育活动的习俗。

直到今天，清明节祭拜祖先、悼念已逝亲人的习俗仍是中华民族的一件大事。

说到清明节，虽是以祭祖扫墓为主要活动，但并没有太多的阴郁气象。阳春三月的清明节，既是人们扫墓祭祖的日子，更是生活在高楼林立的都市中的男女外出踏青的大好时节。因此，春光明媚的清明节，为商家提供了一个促销的大好时机。

◉消费者权益日促销推荐商品

面对清明节这样一个特殊节日，精明的商家当然会紧盯市场，推出各种花样翻新的促销活动，但究竟哪些产品适合在清明节上市促销呢？

1．祭祖金猪与扫墓鲜花

中国人祭祖以猪羊为贵，因此烤乳猪成了商家促销的“招牌菜”。烤得金黄的乳猪，被放置在透明硬塑料包装盒内，成为人们祭祖的首选。

“一束清菊寄哀思”。近几年，菊花成为人们祭祖扫墓的首选，因此菊花在清明节的鲜花店唱起了主角，尤以白色、金黄、橙色的大菊花和紫色、绿色、黄色的小菊花倍受青睐。

2. 水果和“清明菜”

在人们心目中，清明节祭祖既是表达对亲人的哀思，也是与祖宗、亲人的团聚，因此，大吉大利、红红火火的清明水果和别出心裁的“清明菜”也一定能让你赚个盆满钵满。

3. 踏青春游用品

踏青春游用品可以包括：饮料、速食品、休闲运动服装、鞋帽等。如果店铺同时销售这些产品，可以通过组织风格独特的踏青春游活动来吸引消费者的光顾。当然，一些适合春天佩戴的小饰品、丝巾等，也可以成为踏青节的热销品。

清明节促销2方案

方案1：节日消费新概念，三重好礼赠会员

- 促销主题：节日消费新概念，三重好礼赠会员
- 促销时间：4月3日—4月6日
- 促销目标：以节日优惠和礼品赠送为契机，回馈会员顾客，吸收部分新会员的加入，并提高卖场的整体销售量
- 促销形式：会员优惠、礼品赠送
- 促销对象：本店会员顾客和消费满300元的非会员顾客
- 促销商品：所有商品
- 促销内容：

促销 POP

节日消费新概念，三重好礼赠会员

亲爱的会员朋友：

为回馈广大会员和顾客多年来对本店的支持与厚爱，在这春风荡漾的清明4月，本店特举办“三重好礼赠会员”活动。活动详情如下：

一重礼：

凡本店会员，无需购物即可凭会员卡至服务台免费领取精美礼品一套及购物优惠券一张。（会员免费礼品发放时间：4月3、4、5、6日，共4天，礼品有限，送完即止，每日限送500件）。

二重礼：

凡消费满200元（家电500元）的会员，凭当日单张购物小票，即可获赠价值55元的××餐厅免费餐券一张。

凡消费满400元（家电满1000元）的普通顾客，凭当日单张购物小票，即可获赠价值55元的××餐厅免费券一张。

三重礼：

会员在活动期间购物将享受双倍积分；对未办理会员卡的顾客，在活动期间，当日累计购物满300元即可免费办理VIP会员卡一张。

活动时间：4月3日—4月6日

◉方案操作说明（供促销策划与执行人员参考）

清明节的促销活动很难引起顾客的注意，但如果把重点放在回馈老会员，并借此吸引新会员这个卖点上，也能为平淡的清明4月增添一份色彩。而且这一促销活动非常简单，在执行过程中只需做好以下几点即可：

1. 促销宣传单和入口处的大型看板，应突出“回赠老会员”这一关键点，同时可以通过DM直邮的形式将促销DM直接邮寄给老会员，或电话通知老会员参加这项活动。

2. 优惠券要制作精美，礼品也要有一定的品位（可选择库存的品牌产品作为礼品），这样才能让收到优惠券和礼品的会员顾客感觉到自己在该店的重要性，也能增加其对该店的忠诚度。

3. 免费餐券也需制作精美，而且最好选择店铺内部或旁边的餐厅为合作对象，具体合作方式可双方协商后决定。

4. 对新加入的VIP会员，服务台要及时登记并办理会员卡，并鼓励以会员身份参加本次促销活动，第一时间享受该店会员的消费待遇。

方案2：得风筝情缘卡，送心动大奖

- 促销主题：得风筝情缘卡，送心动大奖
- 促销时间：4月3日—4月6日
- 促销目标：通过举办派对活动，吸引更多顾客，并通过限定获得情缘卡的消费金额，提高卖场的商品销量
- 促销形式：赠送情缘卡、参加派对活动
- 促销对象：在本店消费满18元的所有顾客
- 促销商品：所有商品
- 促销内容：

促销 POP

得风筝情缘卡，送心动大奖

亲爱的顾客朋友：

清明4月，是爱的春天，也是梦想的春天。在这满是爱与生机的清明4月，本店特印制了5万张精美“风筝情缘卡”，帮您表达自己心中的真挚情感，实现长久以来的美好梦想。

活动方式：

凡在本店消费满18元的顾客，凭单张购物小票即可获得“爱在春天”风筝情缘卡一张。

在情缘卡“经典情话”一栏写一句感人至深的情话，并详细填写个人资料后，将情缘卡送交服务台，即可参与“爱在春天”风筝情缘派对活动。

4月10日，将从参加派对活动的人选中抽出20对风筝情缘“情侣”，各奖价值100元的情缘礼品一份和精美风筝一只，并从20对浪漫风筝情侣中评选出一对“最佳浪漫风筝情侣”，各奖500元购物券一张。

活动时间：4月3日—4月6日

◉方案操作说明（供促销策划与执行人员参考）

本方案的执行关键点在于：

1. 风筝情缘卡的印制

因数量巨大（5万张），可联系相关厂家定做，力求精美、高贵、浪漫。

卡片规格：19cm×10cm；

主题：爱在春天。

背面：供应商产品广告，经典情话，顾客资料。

2. 情侣派对活动的组织

如果店铺有自己的VIP活动场地，可自行举办此派对活动。如果没有，可以和一些娱乐场所，如酒吧、咖啡馆等联合举办此活动，并一起做相应的宣传活动。

3. 礼品的选择

店铺可以将部分库存礼品经重新包装、定义后作为礼品赠送给获奖者，但必须能够体现浪漫和温馨的格调。

清明节促销经典2案例

案例1：品评奇洛名茶，收藏世界风情

清明前后正是新茶上市的黄金档期，许多品茗者都会在清明，这个特殊的日子为自己选一款不错的茶叶。“奇洛”茶叶敏锐地抓住这一大好时机，迅速推出了“品奇洛名茶，收藏世界风情”的大型促销活动。

促销策划案

主办单位："奇洛"茶叶公司。

活动目的：促进新品的上市推广，刺激消费者反复购买，多次购买，大量购买。

活动对象：所有购买"奇洛"茶叶指定包装的消费者

活动内容：

清明节前后，凡购买1盒100包装的"奇洛"茶，或者4盒25包装的"奇洛"茶，都可获赠具有收藏价值的世界各国纪念币1枚。

这套世界各国纪念币共计48枚，每一枚代表世界上一个国家。如果能够收集到完整的1套，就可以此换取24K 99.99镀金纪念币1套，让您的收藏更有价值。

◉案例评析

本次活动虽然有其明显的不足之处：要收集齐1套金币，按每天喝1包"奇洛"茶来计算的话，至少要喝上13年加55天。但还是有一些值得借鉴和学习的地方：

1. 提供成套的赠品不仅可促使消费者进行尝试性购买新产品，还可以刺激消费者反复购买、多次购买，或大量购买，以收集齐自己喜欢的整套赠品。

2. 要设计出有吸引力、独特美观又与品牌特色有关联的赠品实属不易。在这一实例中，活动主办者提供的各国纪念币颇具创意且具价值感。

3. 促销时机选择在清明前后，也是用心良苦。因为清明新茶上市，消费者多会于此时品尝新茶，这就为新品的上市推广打开了方便之门。

案例2："力波"乒乓球大奖赛，让你健康在春天

一年之计在于春，春天更是健身运动的大好时机。力波啤酒就曾借助清明节这个踏青健身的最佳时机，推出了"力波家庭乒乓球大奖赛"的健身运动活

动。这次活动不只提升了力波啤酒在消费者心中的地位，也为力波啤酒带来了喜人的销量。

促销策划案

主办单位：力波啤酒公司

活动目的：提高产品销量，提升产品品牌在消费者心中的认知度和美誉度。

活动对象：所有消费者。

活动内容：

以家庭为单位，进行“力波杯”乒乓球比赛，参赛者在“力波”啤酒各主要销售区进行比赛，优胜者可角逐冠、亚军。

活动另设竞猜奖若干名。参与者只需将自己认为的冠军家庭号码填在竞猜回执上，并填写姓名、地址、邮编、电话等个人资料，投入预先设置好的抽奖箱内，即可参加竞猜冠军得主的活动。猜中者可赢得5000元大奖。

◉案例评析

这是一个典型的体育竞技活动与竞猜活动相结合的促销实例，由于竞猜活动须附上相应产品的消费凭证，也就为产品带来了一定的销售量。同时，由于本案例是一场全民参与的体育活动，因此也得到了政府有关部门的大力支持。

特别点评

企业出面举办竞技活动，除直接带来的销量外，还有全民参与所带来的影响。鉴于此，企业在设计和组织这类活动时，更应充分利用和发挥活动本身的优势，扩大活动的影响力。

比如，对于积极观看活动转播的消费者应尽量多给予鼓励，而非只是一个竞猜奖。既然要在媒体上投放广告，就应做足文章，以吸引更多市民的关注，而不要只是局限于当日观看比赛的消费者。

为提高消费者的参与性，嘉士伯啤酒就曾在赞助亚运会期间，把体育竞技活动搬到商场外，这种方式的效果是室内封闭性体育竞技远不能相比的，它极大地提高了品牌的亲和力。

你问我答（相关知识链接）

“积点促销”的7大类型

积点促销是一种先消费后获赠的促销活动，也是一种成本低、活动持续时间较长的促销方式，在建立再次购买和保护现有使用者免受竞争品牌的干扰两个方面极有成效。

积点促销的基本形式为：消费者需收集产品的购物凭证，达到一定数量后即可换取不同的奖励，奖品可以是现金，也可以是礼品，或是下次购买的折扣优惠券等。

但不同形式的积点促销又有其各自的特点：

- **没有时间限定的积点促销**

即无论何时，消费者购物后都可以得到积分兑换券，只要积累到一定数量，就可以兑换规定的奖品，兑换时间也没有限制。

- **有时间限定的积点促销**

即在规定的促销期内，顾客购物才能得到积点优待，并且只有在规定的促销期内，顾客把规定数量的积点交给商店，才能兑换奖品。

- **可兑换成套奖品的积点促销**

即在规定的促销期内，店铺每周挑出成套奖品中的一件，作为积点兑换的赠品。顾客为了得到整套赠品，只有每周都来这家商店购物，最后才能获得整套赠品。

- **以购物凭证替代积点**

店铺要求消费者保存某种购物凭证，当达到一定数量时，就可用来免费兑换奖品，或以超低价购买商品。这种购物凭证通常是发票、收银小票、商品标签、商品包装物等的某一部分。

- **积点公司印制发行的积点优待**

消费者在不同的商店里购买自己所需要的不同商品，如在菜市场买菜，在服装店买衣服，在鞋帽店买鞋子等。如果顾客在不同的商店中购物时，能收到相同的积点优待，就能在短时间内换回价值较高的奖品，从而提高他们参加积点促销的兴趣。

- **变相形式的积点促销**

即“酬宾回馈”，如美国绝大多数的航空公司都开展了“累积里程优惠活动”。目前，很多行业都采用这种办法促销产品或服务。如顾客在某一商店消费一定金额后，可得到贵宾卡，凭卡在该店消费可享受折价优惠。

- **生产厂商发行的积点优待和零售商发行的积点优待**

生产厂商发行的积点优待一般是把积点放在产品包装内或印制在产品包装上，目的在于鼓励顾客购买特定品牌的商品。

零售商发行的积点通常是消费者在举办积分活动的商店购物达到一定金额后，售货员就送给一定面值的积点优待，这是鼓励消费者在某一商店持续购物。

如何借助“积点促销”刺激消费

由于积点促销对消费者的吸引力有限，因此强势品牌开展此项活动的效果较佳，但对于吸引新消费者尝试或推介新产品则效果不明显。

为充分发挥积点促销的优势，促销策划与执行人员需把握以下要素：

- **活动的时间**

积点促销的活动时间不宜过短，应确保消费者有足够的时间更多地收集购物凭证。但时间也不能太长，以免因消费者没有购买压力而使企业达不到促销的目的。

- **奖品的设置**

积点促销的奖品可以是现金、礼品或优惠券，但奖励必须实实在在，尤其是礼品，要实用、美观、典雅还要质量好，这样才能有效激发消费者的购买欲望。

- **兑现的手续**

在积点促销的活动中，其购物凭证的收集、兑现时间、兑现地点等相关事项，必须在充分考虑消费者的实际可操作性之后再做规定。即一切需以方便消费者为原则。

第 9 章　劳动节促销

劳动节的由来与促销分析

五一劳动节是全世界劳动人民的节日，但随着“劳动”这一概念的延伸和创新，五一劳动节更多地成为人们休闲、旅游、走访亲友的节日，同时也是到超市集中采购的好时机。可以说，五一劳动节，是消费者和商家心目中共同的“黄金周”。

劳动节的由来

五一国际劳动节亦称五一节，每年的五月一日，是全世界无产阶级和劳动人民的共同节日。此节源于 1886 年 5 月美国芝加哥城的工人大罢工。

为了保障自己的权利，从 1884 年开始，美国先进的工人组织通过决议，要为实现“每天工作八小时”而战斗，并且决定展开广泛的斗争，争取在 1886 年 5 月 1 日实行八小时工作制。

“八小时工作制”的口号提出后，立即得到美国全国工人阶级的热烈支持和响应，许多城市数以千计的工人投入了这场斗争。罢工工人遭到美国当局的血腥镇压，很多工人被杀害和逮捕。

1886 年 5 月 1 日，美国芝加哥等城市的 35 万工人举行大罢工，要求改善劳动条件。这场斗争震撼了整个美国。工人阶级团结战斗的强大力量，迫使资本家接受了工人的要求。美国工人的这次大罢工取得了胜利。

1889年7月，第二国际在巴黎举行代表大会。为了纪念美国工人的这次五一大罢工，显示“全世界无产者，联合起来”的伟大力量，推进各国工人争取八小时工作制的斗争，会议通过决议，规定1890年5月1日国际劳动者举行游行，并决定把5月1日这一天定为国际劳动节。从此，每逢这一天世界各国的劳动人民都要集会、游行，以示庆祝。

中国人民庆祝劳动节的活动可追溯至1918年。是年，一些革命的知识分子在上海、苏州、杭州、汉口等地向群众散发介绍五一的传单。1920年5月1日，北京、上海、广州、九江、唐山等各工业城市的工人群众浩浩荡荡地走向街市，举行了声势浩大的游行、集会，这就是中国历史上的第一个五一劳动节。

解放后，中央人民政府政务院于1949年12月将5月1日定为法定的劳动节，是日全国放假一天。节日期间举国欢庆，人们换上节日的盛装，兴高采烈地聚集在公园、剧院、广场，参加各种庆祝集会或文体娱乐活动，并对有突出贡献的劳动者进行表彰。

今天，五一国际劳动节已不仅仅只是一个单纯的节日，历史赋予了五一新的概念：“黄金周”。“黄金周”，黄金万两，商机无限。“黄金周”蕴藏的巨大商机，为商家促销提供了一个非常广阔的空间。

◉五一长假促销推荐商品

五一黄金周可谓是商家淘金的好时机，其促销活动一般在4月25日左右开始，可以一直持续到5月10日左右。那么，面对长达半个月的促销时段，商家该选择那些商品作为长假促销的首选呢？

1. 春季服装大出清

过了五一，夏装开始替代春装，因此，五一是出清春装的最好时机。借着五一的人气和促销大潮，把您的全部春装都摆出来吧，不要让它们在仓库中走向下一个春天。

2. 家电用品大优惠

随着夏天临近，很多忙碌的人都会借助五一长长的假期，为自己的家添置一些夏季必备品，因此，空调、冰箱可以作为新品上市，而彩电等也可以作为换季清仓走上五一的促销舞台。

3．黄金珠宝饰品特卖展销会

黄金周，金万两，黄金珠宝饰品当然也是此时的热销商品。更多的商家会在此时举办大型的黄金珠宝饰品特卖展销会，为五一休闲旅游的人们提供更多的选择机会。

4．旅游及地方特产大促销

现在过五一，更多的人选择走出家门，到全国各地走走看看，这就为旅游业和那些旅游胜地提供了无限商机。因此，借助五一长假，旅游和地方特产也要跟上促销大潮的步伐。

劳动节促销2方案

方案1：庆五一回馈消费者产品大酬宾

- 促销主题：庆五一回馈消费者产品大酬宾
- 促销时间：4月25日—5月10日
- 促销目标：利用五一黄金周的大好时机，扩大产品市场占有率，增加销售额。
- 促销形式：打折、优惠券促销
- 促销对象：所有顾客
- 促销项目：全部商品
- 促销内容：

促销POP

庆五一回馈消费者产品大酬宾

亲爱的顾客朋友：

为答谢您对本店的厚爱，也为给您的五一假期增添一份喜悦，本店特举办“庆五一回馈消费者产品大酬宾”活动。活动细则如下：

1．五一期间本店商品全部打折出售，打折幅度从9折到5折不等（持会员卡者按会员卡折扣价）。

2. 同时，在本店一次性消费满100元的消费者可获得10元优惠券；一次性购物满200元的消费者将获得25元优惠券；一次性购物满300元，可获得40元优惠券。

3. 优惠券可作为现金，于规定期限内在本店购买任何商品，但不可兑换为现金。

多买多送，莫失良机！

活动时间：4月25日—5月10日

方案2：折扣到底、三重赠礼大酬宾

- 促销主题：折扣到底、三重赠礼大酬宾
- 促销时间：4月25日—5月10日
- 促销目标：利用五一黄金周的大好时机，以全场商品敢争最低折扣来吸引消费者，扩大产品市场占有率，增加销售额。
- 促销形式：刮刮卡、抽奖、礼品赠送三结合
- 促销对象：所有顾客
- 促销项目：全部商品
- 促销内容：

促销 POP

折扣到底、三重赠礼大酬宾

亲爱的顾客朋友：

在五一劳动节来临之际，为答谢您的支持与厚爱，本店特举办“折扣到底、三重赠礼大酬宾”活动，希望能给您的五一长假增添一份惊喜。活动细则如下：

一重礼“精彩礼品任选一”：凡购物满100元，即可参加惊喜刮奖，奖品有：彩电、冰箱、空调等。

二重礼“浪漫写真超值送”：凡购物满300元者，还可参加婚纱超级大抽奖。奖品有：价值3188元或688元个人写真等。

三重礼“先购先得开心礼”：每日商场前50名购物达100元者，即可获取价值288元艺术写真套装彩照。

活动时间：4月25日—5月10日

◉方案操作说明（供促销策划与执行人员参考）

以上两个促销方案都采用的是折扣促销和礼品附赠相结合的促销方式，而且都在五一黄金周这样的消费高潮时段，因此，其促销宣传必须有一定的力度，才能在众多的促销活动中显现出来。

温馨提示

方案2中需要特别注意的是：活动开始前一定要联系好照相馆，可与该照相馆同时做宣传，比如照相馆也可以推出在该照相馆消费×××元个人写真，可获××卖场×××元购物券的优惠活动。这样的促销力度和促销效果要比单方面组织的活动更能引起消费者的关注。

五一黄金周促销经典3案例

案例1：电脑抽奖，让你精彩每一天

杰森软件作为多年从事商业促销游戏软件开发的服务商，在五一长假期间，曾推出了为中小型城市卖场（区县级）或针对区域销售的百货、超市量身定做的，以电脑抽奖为形式，通过抽奖牢牢锁定卖场原有顾客群，拉动、吸引其他顾客群的促销方案。

促销策划案

主办单位：杰森游戏软件开发服务商

活动目的：通过抽奖的方式，牢牢锁定卖场原有顾客群，拉动、吸引其他顾客群。

活动对象：凡当日在本店购物满50元或50元以上者

活动内容：

凡当日在本店购物满50元以上者，即可凭借收银小票到活动指定地点参加“精彩每一天”电脑抽奖活动。每50元可获赠抽奖券一张，多买多赠；利用自助式电脑抽奖——顾客购物后，凭购物小票领取电脑抽奖券，自助参加电脑抽奖。

抽奖办法：电脑每30分钟（可自行设定，如1小时等）自动开奖一次，公布在该时间段参与抽奖的中奖者名单，每天开奖10次。凡中奖者须当天兑奖。活动期间，每张奖券有一次参加抽奖的机会。奖项内容为：

一等奖：1名，500元加浮动奖金（以本小时参加抽奖的奖券张数的3倍作为浮动奖金）；

二等奖：1名，300元加浮动奖金（以本小时参加抽奖奖券张数的2倍作为浮动奖金）；

三等奖：1名，200元加浮动奖金（以本小时参加抽奖奖券张数的1倍作为浮动奖金。

◉案例评析

与即开型抽奖相比，本次促销活动的抽奖方式（每30分钟开奖一次）能让顾客在商场内有更多的滞留时间，增加商场人气，为商场带来更多商机。同时，由于是抽奖方式，整个活动的投入可以极低，与一般抽奖活动相比，成效大大提高。

1. 抽奖方式

该抽奖方式向公众明示当前一等奖的奖金数额，同时，一等奖的奖金数额会随着参与者数量的增多而增长，可以不断刺激顾客的参与欲望。每次开奖，电脑将公布各奖项的中奖名单，如果一等奖没中，奖金将自动累积到下一期。

2. 多重抽奖

顾客每天都有参与抽奖的机会，中奖机会多。特别是当大奖的金额越来越高时，将出现众人争抟大奖的热烈场面，因此可以汇集人气，汇聚商机。

案例2：买牛奶，送面包，营养早餐大派对

在劳动节到来之际，沈阳乳业适时推出“买牛奶，送面包，营养早餐大派对”活动，通过把企业的营销行为同“牛奶会有的，面包也会有的”这一句非常脍炙人口的流行语相结合，使这次活动颇具吸引力。

促销策划案

主办单位：沈阳乳业。

活动目的：运用赠品促销方式，提高品牌知名度，增加销售额，扩大市场份额，达到小赠品获得大业绩的促销功效。

活动对象：所有沈阳乳品消费者。

活动内容：

青年节前后10天，凡沈阳乳业的消费者，均可在本公司所设的13个销售点获得“买牛奶，送面包”的早餐大优惠，即买一袋牛奶，送一个面包，帮您解决早餐问题。

同时，您还可以参加本公司举办的“营养早餐知识大赛”，只需填写并正确回答本次促销活动宣传单上的几个简单问题，您就可以免费获得本公司的“营养牛奶加面包”一份。

◉案例评析

活动开始的第一天，其13个销售点的销售总量就达到了5吨，而在此之前，国内三大名牌同类产品的销售总量不足每天2吨。在活动结束了几个月后，甚至还有消费者打电话询问什么时候会再送面包。

买一袋牛奶，送一个面包，解决你的早餐问题，消费者怎能不满意？一份营养早餐，平常购买至少需要五六元，现在只需要2元就搞定了，消费者又怎能不开心？

分析沈阳乳业这次促销活动成功的原因，主要有以下几点：

1. 从赠品选择来看，面包和牛奶同属食品，而且还是共同食用的“最佳搭档”——西方人最佳的早餐组合。

2. 从促销方式来看，采用了包装上赠品的形式，用胶带将牛奶和面包捆绑在一起，由于产品及赠品本身都不复杂，无需任何说明，现场所占体积又不大，终端操作简单可行。

3. 从促销主题来看，“牛奶会有的，面包也会有的”是一句脍炙人口的流行语，该主题亲切且带有乐观、幽默的意味，易于广泛传播，且带有祝愿大家日子越过越好的意味。

4. 从促销活动对今后的影响来看，它留下了许多有待探讨和挖掘的话题，如："什么样的早餐最科学?"、"怎样的营养结构才是健康合理的"等，为企业进一步的公关活动留有余地，做了铺垫。

案例3：武汉国投分期付款卖"大件"

五一黄金周期间，武汉国投经贸发展公司曾独家推出了大件耐用商品分期付款销售活动。这一活动不但使商家实现了促销商品的目的，也给广大江城人民带来了方便和实惠。

促销策划案

主办单位：武汉国投经贸发展公司

活动目的：通过向消费者提供融资，加速产品的销售

活动对象：在指定商场购买规定范围内商品的消费者

活动内容：

这次分期付款活动销售的商品范围包括：彩电、空调、冰箱、冷柜、洗衣机、照相机、摄像机、影碟机、电脑、钢琴、组合家具、健身器材、微波炉、摩托车等。办理程序分为以下三步：

1. 顾客携带身份证、户口簿和工作证，到指定商场"受理处"或公司进行咨询，领取"分期付款申请表"和"分期付款客户资信资料"，填好后交给商场"受理处"或公司。顾客在递交"申请表"和"资信资料"时，还要交纳100元诚意金。

2. 公司派员到顾客家走访，核实资信资料。主要是了解顾客住处的所在位置和门牌号码；顾客是否有按期付款能力。必要时向顾客或其直系亲属的所在单位了解情况。

3. 情况了解清楚后，公司如果批准了顾客分期付款购物的要求，会电话通知顾客来"受理处"与公司签订"分期付款购物合同书"。然后顾客向公司支付商品总价30%的款项就可提货。其余款项可按顾客要求，分3、6、9、12、18个月付清，每月支付一次。

另外，"分期付款购物合同"对双方的权力和义务以及每一个可能出现问题的环节，都作了具体的规定，以免日后发生纠纷不好处理。

◉案例评析

武汉国投经贸发展公司开展的分期付款购物活动的规模相当大。这次分期付款促销活动有一些做得比较好的地方，很值得我们借鉴：

1. 手续简单

顾客只需填写简单的申请书和个人资信资料，交纳100元“诚意金”，得到电话通知后即可签订合同书，并支付商品总价30%的款项，就完成了基本手续。

2. 业务处理时间短

公司对顾客承诺：从顾客递交申请书和个人资信资料算起，到顾客签订合同书后提货，这一过程不超过4天。

3. 顾客付款方便

顾客提货后，每月只要把款项交到商场“受理处”或公司即可。而其他一些分期付款，顾客要办理储蓄卡，还需支付一定的费用，并要把款项存入银行才算完成。

4. 分期付款的“期数”灵活

分别有3个月、6个月、9个月、12个月、18个月5种“期数”，顾客可自由选择。

你问我答（相关知识链接）

“分期付款”促销知多少

信贷消费已经开始并且必然成为人们未来消费方式的主流。可以预计，在不久的将来，中国也将成为像美国那样的信贷消费大国。“融资”促销，即“分期付款”促销正是这一消费潮流的产物。

“分期付款”促销方式是商家在销售高档耐用消费品时常用的一种促销手段。它可以帮助一些想购买商品而一时又无法支付足额货款的消费者提前将商品买回家，从而扩大商品的销售量，减少库存。

当然，采用分期付款的促销方法，可能会占用商家的大量资金，因此要求商家必须有一定的资金实力，同时这也要求制造商与销售商之间有默契的配合。

温馨提示

在我国，信贷消费这一消费方式还只占全部消费的很少一部分，而且只集中在一些经济比较发达的大城市，但它正以飞快的速度不断发展着。

我国信贷消费之所以落后，一方面是因为人们的消费观念比较保守，另外一方面也是服务水平不能跟上来。

其实，一些实力雄厚的企业也可以为消费者提供所谓的“信贷”服务。并且这些企业对消费者采取的融资活动对于促进我国信贷消费的发展将起到极为重要的作用。

开展“优惠券促销”的4个最佳时机

优惠券促销，是指以优惠券为购物凭证，消费者在下次购物消费时可以享受一定的折扣优惠政策的促销方式。

使用优惠券的主要目的是使消费者进一步增强对产品的关注，从而刺激消费者产生强烈的购买欲望，扩大产品的销量。

“优惠券促销”活动主要适用于以下几种情况：

- 产品销售出现停滞时，用来有效缓解产品销量的下降。
- 当竞争非常激烈，欲取得竞争优势，以大幅度提高产品的市场占有率时。
- 要增强消费者的品牌忠诚度时。
- 要引起消费者对新产品的浓厚兴趣时。

第10章　五四青年节促销

五四青年节的由来与促销分析

每年的5月4日，我们都会迎来一个属于青年人的节日——“五四青年节”。这个节日源于1919年5月的一场反帝爱国运动，并作为中国新民主主义革命的伟大起点而载入史册。同时，这个节日也孕育了青年们不朽的革命精神和进取精神。

五四青年节的由来

1919年5月4日，古都北京爆发了一场轰轰烈烈的反帝爱国群众运动，正是这场运动诞生了青年们的伟大节日——五四青年节。

第一次世界大战结束以后，战胜国在法国召开巴黎和会，中国代表提出废除外国在中国的特权，收回日本在大战时夺去的德国在山东的各种特权，遭到无理拒绝。消息传出后，激起中国人民的强烈义愤。

1919年5月4日，为抗议美、英、法、日等帝国主义国家的非礼要求，反对中国北洋军阀政府在这一丧权辱国的协议上妥协签字，北京大学等十几所大专学校的学生3000多人，在天安门前集合，举行示威大游行，并提出了“收回山东主权”、“废除二十一条”、“严惩卖国贼”等要求。

这项正义斗争得到了全国各界人民的坚决支持，全国各大中城市纷纷举行了罢课、罢市、罢工活动。在这种形势下，北洋军阀政府被迫释放被捕学生，出席巴黎和会的中国政府代表，也没有在“和约”上签字。五四爱国运动取得了初步胜利。

五四运动标志着中国新民主主义革命的伟大开端。它是中国近代史上划时代意义的事件。

为了继承和发扬五四运动以来中国青年的伟大革命精神，1939 年，陕甘宁边区西北青年校园联合会规定：每年的 5 月 4 日为中国青年节。

中华人民共和国成立后，中央人民政府政务院于 1949 年 12 月 23 日正式宣布：5 月 4 日为中国青年节。

五四青年节因与五一黄金周重合，因此其促销活动很少引起商家和消费者的关注，但由于这是广大青年的节日，而青年又是这个时代的消费主体，因此仍然可以在黄金周的促销间隙，推出一些以“青春”、“潮流”、“时尚”为主题的活动。

◉五四青年节促销推荐商品

1. 流行服装

借助大型的现场服装秀、服饰大赛等活动，将这个时期最流行的服装做主题宣传和特别陈列。因年轻人不太注重商品的价格，因此不需要打折，却可以采用赠送时尚礼品的方式进行辅助性促销活动。

2. 休闲娱乐用品

影视新片、经典 CD、MP3 以及精品新书都可以放在这个促销档期。同时，为吸引更多年轻顾客的光顾，还可以请一些影视明星、畅销书作者等到现场进行签名促销活动，借助名人效应带动整个卖场的销售。

五四青年节促销方案

方案：“缤纷时尚，领舞青年节”服装大展销

- 促销主题：“缤纷时尚，领舞青年节”服装大展销
- 促销时间：5 月 3 日—5 月 5 日
- 促销目标：通过“五四青年节”将青春、动感的主体予以进一步凸显；

借助活动聚拢人气，增强店铺在广大青少年心目中的影响力，提高销售额……

- 促销形式：商场时装秀、“以旧换新”大促销与T台歌舞表演三结合
- 促销对象：所有顾客，以青年顾客为主
- 促销项目：指定的服饰商品
- 促销内容：

促销POP

“缤纷时尚，领舞青年节”服装大展销

亲爱的顾客朋友：

在“青年节”这个伟大而充满活力的日子里，你是否愿意一展自己的绝妙舞姿，是否愿意通过自己的一己之力，为社会献上一份爱心与真诚呢？

为帮您实现这些愿望，本店于4月3～5日，特举办“缤纷时尚，领舞青年节”大型服装展销会。来吧，在歌舞声中实现您的梦想！活动细则如下：

1. 促销期间，本店所有服饰商品均8.5折出售，并以大型现场时装秀为活动主体，带您走进世界服饰的最前沿。

2. 与“××”服饰联合举办“以旧换新献爱心”活动：没有破损的“××”品牌男裤折价100元/条，换取价值200元正品男裤，现场补差价将全部捐赠给民政厅指定的贫困地区和灾区。

3. 场外T形台劲舞大比拼：最酷的造型、最炫的形象、最IN的感觉、最high的一族……凡上台献舞者，均可获赠本店精美礼品一份。

活动时间：5月3日—5月5日

◉方案操作说明（供促销策划与执行人员参考）

此方案适合大型服装专卖店或大型服饰展销会之用。促销关键点则在于营造一种能够吸引年轻人的火热氛围。

1. 现场时装秀

聘请2~3名时装模特做现场表演，以烘托气氛。时装秀可与相关单位或服装企业联合举办。

2. 以新换旧献爱心活动

此活动以××品牌为活动主体，卖场只需提供一定的场地并协助宣传即可。

3. 劲舞大比拼

卖场外开阔地带搭建大型T形台，以横幅、彩带、气球、鲜花等装饰，并配置音响设备和主持人一名。主持人要能够带动现场氛围，积极鼓励顾客参与。

五四青年节促销经典2案例

案例1：宝洁“美发亲善”大行动

宝洁是世界著名的日用消费品制造商，20世纪80年代末期进入中国市场，由于国内市场不断扩大，宝洁公司决定继续投资兴建新厂。在这种形势下，公司积极开展了销售服务工作。同时，为了打开局面，宝洁公司在青年节来临之际，充分利用了诱导促销的方式来吸引消费者。

促销策划案

主办单位：宝洁公司（中国）广州总代理

活动目的：促使消费者使用“飘柔”产品，借助亲善形象提高产品的购买率

活动对象：广州地区的消费者

活动内容：

凡持有宝洁公司洗发券（共计6388张）的消费者，无需购买任何产品，就可在广州最具代表性的10家高级发廊，免费享受一次宝洁“美发亲善大使”的洗发护理服务。

为开展这次活动，宝洁公司选取了10家完全能代表广州市区最好水平的发廊，招聘了10多位美丽的亲善小姐，集中起来对她们进行了有关头发结构、洗护常识和礼仪等方面的培训，让这10多位美丽的亲善小姐去配合发廊开展促销行动。

同时，宝洁公司还连续4周通过每周五《羊城晚报》1/4版面的广告，向广大消费者宣传这次活动的主题和目的，从而使消费者参与活动的积极性空前高涨。

◉案例评析

在此案例中，宝洁成功地实施了一次“诱导促销”，使产品销售额获得了大幅度的提升。但仔细想想，宝洁这次的促销并不新鲜，也不包含其他的促销手法，只是抓住了消费者的心态，提供了合适的利益诱导——给消费者一次在高级发廊消费的机会。然而，就是这样一种简单的方式，却给宝洁公司带来了意想不到的销售热潮。

特别点评

其实，最有效的促销方法也许就是那些在企业看来平淡无奇的“手段”，但在恰当的时机，选择恰当的地点和形式，却能收到不比那些“奇思妙想”差的促销效果。

当然，宝法公司采取这种促销手段在很大程度上依靠了其产品在消费者心目中良好的形象和自身雄厚的实力。但只要企业能够给消费者恰到好处的利益，消费者也一定会给企业以满意的回报。而要做到恰到好处，则需要企业具有丰富的促销经验和对消费者心理的准确把握。

案例2：“超级福满多”好不好？尝尝再说

顶新集团武汉顶益公司生产的“超级福满多”香辣牛肉面，是一种在质和量上经过改进后重新上市的产品。但由于是新品上市，销售情况一直不佳。

为了使消费者能了解这种经过改进后重新上市的产品，从而对今后购买方便面的品牌作出新的选择，顶益公司在五四青年节开展了一次面向大学生的较大规模的“超级福满多”方便面样品大派送活动。

促销策划案

主办单位：顶新国际集团武汉顶益食品有限公司

活动目的：通过向大学生派送新品试用，为新品上市打开销路

活动对象：高校学生

活动内容：

派送的具体办法是顶益公司派出大量的业务骨干、职员和临时招募来的人员，把“超级福满多”方便面挨寝室送到每一个学生手中，每人一包，得到方便面的学生要在派送人员的记录本上签名，并留下寝室及电话号码以作信息反馈之用。

包装特色：包装袋正面右上角印有“非卖品”几个大字；包装袋正面还印有“集空袋，进福气”字样。

赠送方法：集 2 个“超级福满多”空袋，即可参加兑换。

获赠奖品：牙膏、相册、饭勺等，任选一样，奖品多多，送完为止！建议零售价：1 元/包。

◉案例评析

这次大派送活动是顶新集团武汉顶益公司推出的一系列市场促销活动中的重要一环，共准备了 10 万包方便面用于派送，目的是让在校大学生对改进后的“超级福满多”方便面有一个全新的认识，品尝样品后能够喜欢它，以便今后认准品牌购买。这次大派送活动取得了明显的效果。

特别点评

方便面属于使用期短、消耗快、购买频率高的日用消费品，消费者试用后，只要觉得味道不错，价格又便宜，就会迅速购买、经常购买，厂家的成本很快就能得到满意的回报，因此非常适合样品派送促销。

学生宿舍是目标消费者集中、人口密度高、购买方便而潜力大的场所，顶益公司选择在校大学生作为派送对象，并采用低价格策略，这是其促销成功的一个关键点。

同时，顶益公司还采取了一些防止派送人员私吞样品的有效措施，很值得借鉴：

包装袋上印有三个大字“非卖品”，表示是用来赠送的，不可拿去卖给顾客，有效地防止了一些工作人员在派送过程中作弊，将样品售出；

要求派送对象接受样品后，在记录本上写下姓名、电话号码和寝室号码，一方面供公司调查学生们对这次派送活动的意见和建议，更重要的是可以据此检查核实派送对象是否真正收到了样品，对派送人员私吞样品起到一种震慑作用。

你问我答（相关知识链接）

什么是“诱导促销”

“诱导促销”：即商家借助诱导促销使消费者受到刺激，使埋藏在潜意识中的需求得到激发，从而产生购买行为。这一方法是根据消费者的潜在需求理论提出来的。主要包括奖券、折价券、减价、赠奖、竞赛、交易印花、免费货品等。

研究证明，人们存在着各种各样的需求，但并不是所有的需求都能够得到满足，未能满足的原因也各不相同。有些是因为经济上的因素，而有些则很可能是由于消费者自己并“没有”意识到需求的存在。而这正是诱导促销存在的基础。

温馨提示

企业在使用诱导促销的过程中，应坚持双赢的原则，使商家和消费者同时获得利益。企业在促销过程中应言而有信，如果使消费者有“受骗”的感觉，那么对于商家的长远利益无疑会产生消极影响。

如何在促销中吸引年轻顾客

对一些以出售消耗品为主的专卖店而言，年轻顾客，特别是女性顾客的减少，会直接影响其销售收入。因此，如何吸引并留住年轻顾客，是这类店铺面临的最重要的问题。

案例

“美灵鞋店”过去的主要顾客——18～24岁的年轻人的比率突然减少，销售额也随之下降。该店周围有居民20000人。经过调查，经营者发现，80%的顾客都在其他商店购鞋，而本店的顾客，不过是其他店铺的零头而已。

为扭转这种局面，“美灵鞋店”开始采用邮寄广告的新战略，期望可以逐步扳回劣势。经过一段时间的准备，该店以每月200名顾客为目标，半年后即拥有了1000多名顾客的资料，顺利地开始了邮寄广告的促销活动。

首先，该店推出了“夏季商品酬宾特惠大减价”活动，许多老顾客又重新光临，同时还吸引了许多新顾客。其次，该店又继续实行对年轻顾客极具吸引力的促销计划，成功地将老顾客请了回来。

要招徕并留住年轻顾客，必须积极采取相应的促销策略，在商品方面，则应打破原来的观念，除经营主要商品外，还需准备一些辅助商品。增加辅助商品时，应注意以下几点：

- 选择毛利率高的商品。
- 进货量应控制在总库存量的10%～20%。
- 应选择那些吸引顾客的话题性商品。
- 所进商品的生命周期应处于引进期或成长期内。

第11章　母亲节促销

母亲节的由来与促销分析

每年5月的第二个星期日，是一个伟大而温馨的节日——母亲节。母亲节，让繁忙的人们暂停匆匆的脚步，伫足凝思，静心品位母亲的伟大和她们所奉献的无私的爱。现如今，敬重母亲、弘扬母爱的母亲节，已成为一个约定俗成的国际性节日。

母亲节的由来

母亲节最早起源于希腊。十七世纪中叶，母亲节流传到英国，英国人在母亲节这一天，出门在外的年轻人会回到家中，给他们的母亲带上一些小礼物。

现代意义上的母亲节起源于美国，由一位名叫贾维斯的妇女倡导，并由她的女儿安娜·贾维斯发起创立。

1906年5月9日，美国费城的安娜·贾维斯的母亲不幸去世，她悲痛万分。在次年母亲逝世周年忌日，安娜小姐组织了追思活动，并鼓励他人也以类似的方式来表达对慈母的感激之情。此后，她到处游说并向社会各界呼吁，号召设立母亲节。

她的呼吁获得热烈响应。1913年5月10日，美国参众两院通过决议案，由威尔逊总统签署公告，决定每年5月的第二个星期日为母亲节。

母亲节创立后，也得到了全世界各国人民的支持。安娜·贾维斯在世时，设立母亲节的国家已达43个。时至今日，欢庆这个节日的国家就更多了。母亲节，已经成了一个名副其实的国际性节日。

按惯例，“国际母亲节”被定在每年的5月11日举行，但各个国家的母亲节也有不同：

法国首次庆祝母亲节是在1928年，节日定在5月的最后一个星期日。节日这一天，数以百万计的妈妈们，怀着喜悦的心情接受来自子女们的美好祝愿。

泰国于1976年宣布8月12日为母亲节。这一天也是泰王后丽吉的生日。节日里，全国要开展“优秀母亲”的评选活动。儿女们手持芳香馥郁的茉莉花，献给自己的母亲。

日本的母亲节和国际惯例一样，是5月的第二个星期日。节日里人们送给母亲一枝红石竹，表示祝贺。

母亲节，这个充满母亲情结的节日，越来越受到商家和消费者的重视。而且，母亲节已从过去的重形式轻实质，变为更加重视母亲的情感需求和实际需要。因此，商家的促销策划方案也开始向更新潮、更时尚也更实惠靠拢。

◉母亲节促销推荐商品

每当母亲节来临，各大商场就涌动着一股浓浓的温馨亲情，不少逛商场的年轻人都想乘着这样一个节日，为母亲选购一份特别的礼品。那么，什么样的礼品适合这样的节日呢？

1. 鲜花

母亲节期间，各大商家大打亲情牌，鲜花仍然是母亲节的消费热点，其中尤以康乃馨为首选。另外，短信、手机点歌等也是送给妈妈的时尚礼物。

2. 服饰用品

化妆品、中老年服装、金银首饰、皮包、女性内衣也渐渐成为母亲节儿女表达心意的必备商品。

3．保健用品

母亲节期间，保健食品、补品和按摩椅等保健、健身用品也是儿女们送给母亲的节日礼物，因此商家也可以此为促销点。

4．厨具和清洁用品

母亲是厨房的主角，也是保持一个家庭干净整洁的主力军，因此，母亲节进行厨具和清洁用品的促销活动，一定会受到妈妈们的青睐。

母亲节促销2方案

方案1：母亲节，寻找特殊的“母亲”

- 促销主题：母亲节，寻找特殊的“母亲”
- 促销时间：5月5日至母亲节当天
- 促销目标：借助“母亲节”向母亲献礼这一特殊主题，提高店铺知名度，提升销售额
- 促销形式：附赠礼品（店铺品牌监督员和小礼品一份）、打折促销
- 促销对象：所有做了母亲的顾客
- 促销项目：全部商品
- 促销内容：

促销POP

母亲节，寻找特殊的“母亲”

亲爱的妈妈们：

为迎接世界上最伟大的节日——母亲节，回报天下所有的母亲，本店将在节日期间，从众多忠实的消费者中寻找与本店同月同日（即店庆日）出生的特殊母亲10人，作为本店首批品牌监督人，接受一份特殊的礼品，并邀请参加母亲节当天本店举办的大型晚会。活动细则如下：

1．节日期间来本店购物的所有女士，全部商品均可享受9折优惠，消费金额满100元者，可获得精美礼品一份。

2. 节日期间到本店购物，消费金额达100元以上的女士，均有机会获得本店品牌监督员的特殊荣誉和精美礼品一份（店庆日出生或其子女为店庆日出生）。

3. 品牌监督员将作为本店特殊顾客，在每年的母亲节和店庆日享受购物大优惠，并参加本店的各项庆祝活动。

4. 资格审核以购物小票和身份证、儿童出生证为依据。

活动时间：12 月 20 日—1 月 10 日

◉方案操作说明（供促销策划与执行人员参考）

1. 促销宣传工具

现场宣传海报、POP、入口处的大型看板、促销宣传单（以菜市场、居民小区、卖场门口及热闹街道为派发地点）。

2. 品牌监督员手册、 证书

正规、精美，能体现作为监督员的荣誉感，每份成本控制在15元以内，10 元×10 份=100 元。

3. 促销礼品

每份控制在5元以内，可选择本店库存的实用品，也直接与生产厂家联系，省去中间渠道费用，降低成本价。

温馨提示

在活动过程中，如果入围的特殊“母亲”人数过多，可采取现场抽奖的方式进行聘用，人数需控制在10人左右，不可过多。如果人数过少，可适当放宽限制条件，比如店庆日前后3天出生的母亲或他们的子女均可当选等。

另外，母亲节当日晚会为店铺内部的庆祝活动，可约请这些特殊的“母亲”为特邀嘉宾，让其有作为店铺一员、“一家人”的荣誉感。

方案2：母亲节家居用品、厨具大展销

- 促销主题："母亲节，妈妈帮手全换新"家居用品、厨具大展销
- 促销时间：5月1日至母亲节当天
- 促销目标：借助"母亲节"向母亲献礼这一主题，吸引子女和妈妈们选购家居用品和厨具，从而提高销售额
- 促销形式：抽奖、打折、附赠礼品三结合
- 促销对象：所有顾客
- 促销项目：家居用品、厨具
- 促销内容：

促销 POP

"母亲节，妈妈帮手全换新"家具用品、厨具大展销

亲爱的顾客朋友：

伟大而温馨的母亲节就要来了，在鲜花之外，您不想送给自己的妈妈一些更实惠的礼物吗？为此，本店特别推出家居用品、厨具大型展销会，帮您和您的妈妈更换全部家居用品、厨具。

1. 活动期间，凡购买本店家居用品、厨具，全部可享受6～8折不等的优惠。

2. 购物消费满200元者，凭购物小票可到服务台领取康乃馨鲜花一束或精美礼品一份。

3. 购物消费满500元者，凭购物小票可参加母亲节当日价值5000元的电烤盘大抽奖活动。

4. 另外，各种商品还附赠相关精美礼品或附带免检保修的优惠活动。

活动时间：5月1日至母亲节当天

◉方案操作说明（供促销策划与执行人员参考）

一般而言，举办××产品大展销，其促销宣传与促销费用皆可请参加展销的厂家协助，比如本方案中的礼品——康乃馨和精美礼品，而且因为是家居用品展，此礼品可选择价值10元以内的杯子、餐具等，但必须实用且显得高雅。

而5000元的电烤盘大抽奖，则必须与烤盘销售商直接联系，以为其做主题宣传或特别陈列等为交换条件，也可具体协商。

母亲节促销经典2案例

案例1：赞助“幸福工程”，让天下妈妈更幸福

古城咸阳是我国保健品的重要生产基地，这里曾研制出了一种名叫“三八妇乐”的女性保健卫生用品。产品刚一面世便一炮打红，但是，在发展过程中，“三八妇乐”由于种种原因遇到了重重危机，处于风雨飘摇之中。

促销策划案

主办单位：“三八妇乐”公司。

活动目的：通过积极参加社会公益事业，在塑造品牌形象的同时使产品的销售获得突破。

活动对象：所有购买“三八妇乐”的消费者。

活动内容：

中国人口福利基金会秘书处给“三八妇乐”公司寄来一封信函，希望“三八妇乐”公司为“幸福工程”作出贡献。公司认真研究后，发现如果投入这一活动，企业奉献的是利润，但得到的却是计生系统庞大的网络和巨大的市场。因此，赞助“幸福工程”肯定能一举数得，名利双收！

“三八妇乐”公司和“幸福工程”双方协商后，立刻决定开展“幸福工程”、“三八妇乐”产品义卖活动：

由“三八妇乐”公司向中国人口福利基金会“幸福工程”赞助价值上千万元的“三八妇乐”产品。这批产品将通过计生网络和妇联义卖活动转化为资金，800万元的利润将一分不留地奉献给贫困妇女。

此后，义卖活动在各地全面展开。要货势头很猛，取得了令人瞩目的成绩。结果，“幸福工程”使“三八妇乐”公司又重新站了起来。“三八妇乐”公司实现了企业的良性循环，收到了满意的经济效益。

◉案例评析

“幸福工程”确实为“三八妇乐”公司提供了一个发展的契机，投入虽然很多，但与形成的效益相比，则是小巫见大巫了。这次赞助可谓是一举数得的神来之笔：

1. 有助于扩大“三八妇乐”公司在目标消费者中的影响；

2. 可以利用有关单位现有的网络，使普通的产品销售行为变为富有爱心的义卖；

3. 实现了销售额的迅速扩大，而且伴随着销售额的扩大，企业的声誉也在不断地提高。

当然，“三八妇乐”公司能够在企业处于危机的时候看准机会，毅然从紧张的资金中拿出来搞赞助，确实有其独到的眼光。因此，选好赞助的对象是赞助促销的关键，要努力争取可以“一举数得”的好机会。

案例2：“帮宝适”母子开心送不停

宝洁公司推出纸尿裤品牌——“帮宝适”后，为了达到给新产品打开市场的目的，在母亲节来临之际，实施了一次非常值得称道的促销活动：让所有购买纸尿裤的消费者免费试用，即不仅给予那些购买宝洁产品的消费者，而且赠送给所有购买纸尿库的消费者。

促销策划案

主办单位：宝洁公司。

活动目的：通过赠送新产品试用的方法，使消费者了解宝洁的新品，培养品牌偏好，为新品上市做准备。

活动对象：在部分（指定）大商场购买（任何品牌）纸尿裤的消费者。

活动内容：

宝洁公司为推广新上市的纸尿裤，在部分大商场举行消费者购买任何品牌的纸尿裤，均可获赠“帮宝适”试用装1份的活动。如果消费者购买“帮宝适”产品更可获赠其他赠品，如由知名妇婴专家编辑的母婴指南VCD或育婴手册等。

◉案例评析

宝洁公司的这次免费试用促销除赠给那些购买宝洁产品的消费者，也赠送给所有购买纸尿裤的消费者，使自己的新产品迅速而广泛地到达消费者手中，为新产品上市做了坚实的铺垫，更显示了宝洁公司作为著名跨国公司的气魄和理念。

特别点评

敢于采用这种促销方法的企业，都对产品的质量有充分的自信心，特别是在使用效果上，要让消费者能感到明显地优于其他的品牌，否则，这种方法将不足以让消费者改换品牌。

当然，消费者的需求一般都具有“多样化”的特点，新产品一般会得到一些消费先锋的青睐，但要使这些消费者保持较高的忠诚度，企业还要在产品质量、服务和价格等方面不断地努力。

你问我答（相关知识链接）

什么是“样品派送”促销

样品派送：指商品的制造商或经销商把一定量的商品样品，免费赠送给目标消费者试用的一种促销活动。

“样品派送”的目的：使消费者在试用之后切身体验到该产品的质量和功效，进而从少量尝试性购买，到长期大量购买，最终成为企业的忠诚顾客。

一般情况下，比较常用的“样品派送”方式有以下几种：

- **间接派送**

在报纸或杂志广告中印刷样品兑换券，并告知消费者持券兑换样品的时间、地点，请有意者前来兑换样品；

通过一些特殊渠道和职能机构，向目标消费者派送样品，如通过医院妇产科向产妇派送婴儿用品的试用样品。

通过邮局向目标消费者邮寄试用样品，或邮寄样品兑换券；在销售促销商品的商店里，派送样品也是较为多见的。

- **直接派送**

在城市的热闹街区、商场出入口处、公交车站等客流量大的公共场所，把试用样品分发给过往的行人；

把样品挨家挨户给消费者送上门，放在各家各户的信箱里、留言袋中或门把手上。

● **选择互补性商品或非竞争性商品作为附送样品**

比如美国麦氏咖啡，把一杯分量的咖啡样品，封进一斤装的面包袋中，把咖啡样品随面包的售出派送给消费者，使消费者在买了一种商品后，能试用到另一种商品的样品。

若附送的样品质量非常轻，且体积小，不容易破碎，则可以把它附在报纸里或杂志里送给消费者试用。比如把香水片、贴纸、超薄卫生棉、小袋茶叶的试用样品等夹在或钉在杂志里派送给读者。

“样品派送”的优点与执行原则

俗话常说：“百闻不如一见”、“先尝后买，方知好歹”，因此，“样品派送”的促销方式被广泛应用于新产品上市的过程中。

由于新产品尚不为人所熟悉，消费者感觉购买风险大。要想激发其购买欲望，缩短新产品上市周期，免费的样品派送是一条捷径。

因此，“样品派送”促销有如下几大优点：

● 对于那些价值较低、差异明显、易于小包装，且目标群体能加以区分的产品，都可以采用试用促销，通过消费者的亲身试用，提高其接受度。

● “免费试用”活动最适用于吸引消费者试用新产品，进而转为购买行为。而且这一促销方式是改变其他品牌忠实消费者的有效方式。

● 样品派送能提高产品的导入速度，广告需反复诉求才能为消费者认知，其他促销手段终不如“眼见为实”来得更具说服力。

但样品派送的促销成本比较高，除产品本身的价值和促销推广费用外，还包括样品特制包装的费用。试用品的包装应该精美，且能够突出产品或品牌形象。

因此，在样品派送活动的开展和执行过程中，必须遵循这样的原则：

●样品的质量和使用功效，必须明显优于同类竞争品，让消费者在试用一两次后，就能明显感觉出它的优点。

● 样品必须能准确地送到消费者手中，因此在大规模的样品派送前，应在消费者中做小范围的测试，在70%以上的消费者认为促销商品明显优于同类产品时，才能开展大范围的派送。

● 派送活动应该选在促销商品的销售旺季或旺季来临之前，并与广告宣传相配合。另外，样品包装必须醒目地标出商标品牌，以便于消费者试用样品后在商店里认牌购买。

● 样品派送只适于促销使用期短、消耗快、重复购买率高、价格低的日常生活用品。这样的商品成本低，消费者购买频率大，商家派送样品付出的成本能很快回收。

第 12 章　六一儿童节促销

儿童节的由来与促销分析

6 月 1 日，是全世界少年儿童的节日。每年的这一天，少年儿童都要举行各种活动，欢庆自己的节日。许多公共娱乐场所特地为孩子们免费开放，各机关、团体、企业在这天还向本单位职工的子女和幼儿园的小朋友馈赠礼物，这是孩子们最愉快的一天。

儿童节的由来

儿童节，也叫“六一国际儿童节”，每年的 6 月 1 日，是全世界儿童的节日，也是全世界爱好和平，为争取儿童生存、健康和受教育的权利而斗争的日子。

1942 年 6 月，德国法西斯枪杀了捷克利迪策村 16 岁以上的男性公民 140 余人和全部婴儿，并把妇女和 90 名儿童押往集中营。村里的房舍、建筑物均被烧毁，好端端的一个村庄就这样被德国法西斯给毁了。

为了悼念利迪策村和全世界所有在法西斯侵略战争中死难的儿童，反对帝国主义战争贩子虐杀和毒害儿童，保障儿童权利，加强各国儿童的友谊，国际民主妇女联合会于 1949 年 11 月在莫斯科召开了执委会，正式决定 6 月 1 日为国际儿童节。

新中国成立后，中央人民政府政务院于 1949 年 12 月 23 日作出决定，6 月 1 日为新中国的儿童节，同时宣布废除中国国民党政府 1931 年起实行 4 月 4 日为儿童节的规定。

目前，各国政府普遍关注儿童的未来，保护儿童的权益。联合国1990年通过了《儿童权利公约》，我国是参与制定国和签约国之一。在批准《儿童权利公约》的同一年，我国颁布了《中华人民共和国未成年人保护法》，这对保护少年儿童的合法权益起到了积极作用。

在1925年，“国际儿童幸福促进会”举行第一次国际大会，发表了有关儿童福利问题的原则以后，一些国家已经先后有了儿童节的规定，如美国定为10月31日，英国定为7月1日，我国在1931年也曾经规定4月4日为中国儿童节。

自从1949年确立6月1日为国际儿童节以后，世界各国纷纷废除原来的儿童节，而统一为“六一国际儿童节”。

对商家来说，6月是一个蕴藏无限商机的月份，首推的当然就是六一儿童节。这一天为了表示对孩子们的祝贺，许多家长会带孩子逛商店购物；而儿童的消费带有许多特殊性，商场应把握这一良机，做好公关和促销两方面的活动。

◉儿童节促销推荐商品

儿童节尚未到来，精明的商家已经开始了新一轮的儿童商品促销浪潮，那么，哪些商品适合在儿童节做大型的促销活动呢？

1．儿童玩具、 儿童用品

儿童节期间，眩目、新奇的儿童玩具自然是商家主推的卖点之一，其中尤以运动类、益智类、科技类及各类周边玩具最受欢迎。同时，各种儿童用品也是此时的销售主体。

2．夏季服装

六一期间，正好是夏装的销售旺季，而且此时出去购物的不只是儿童，还有陪同他们的家长们，因此，时尚、新潮的成人夏装和儿童夏装将成为服装市场的主流。

3．毕业礼品和考试用品

6月，还是学生考试和毕业的时间，因此，借助六一节推出考前补品、考试用品和毕业礼品、纪念品的展销会，收获也一定不菲。

儿童节促销2方案

方案1：欢乐儿童节，有学有玩无极限

- 促销主题：欢乐儿童节，有学有玩无极限
- 促销时间：5月28日—6月2日
- 促销目标：借助儿童节，提高成人的消费额和卖场的影响力与知名度
- 促销形式：附赠礼品、抽奖促销
- 促销对象：所有家长顾客
- 促销项目：全部商品
- 促销内容：

促销POP

欢乐儿童节，有学有玩无极限

亲爱的家长朋友：

六一儿童节就要来了，本店特意替繁忙的您给孩子们准备了一套超级节日礼品，让您的宝贝能够轻松度过一个“有学有玩无极限”的超级欢乐儿童节。活动内容包括：

1. 5月28日—6月2日期间，凡在本商场购物满200元者，凭购物小票均可获当地儿童乐园或其他游乐公园免费门票一张。

2. 活动期间，凡在本商场单张小票购物满200元者，均可获得免费参加“暑期电脑夏令营培训”的机会。操作办法如下：

凭小票领取资料卡一张，将儿童（年龄在8~14岁之间）的相关资料填上（姓名、年龄、学校、联系电话）；一张小票限送一张。

将资料卡投入商场设置的箱子内，商场将从其中抽出60个名额，并通知家长，领取培训证明。具体抽奖时间定于6月4日下午13:00。

暑假时，凭培训证明可到有关电脑培训机构进行为期一周的电脑专业培训。

活动时间：5月28日—6月2日

◉方案操作说明（供促销策划与执行人员参考）

1．促销宣传工具

现场POP海报、入口处的大型看板、促销宣传单（以学校、居民住宅区和超市门口为主要派发地点）。

2．礼品费用预算

预赠送的门票价格：10元/份×（　　）份=（　　）元。

电脑培训费用：100元/人×（60）人=（6000）元。

温馨提示

第一项活动可与儿童乐园或游乐园联合举行，门票费控制在10元/人左右，相当于商品打9.5折；如果顾客购物金额在198元也可赠送一些小礼品。

第二项活动的培训时间可控制在一个星期内，此活动可与当地电脑培训部门联合举办，由他们负责培训；为减少支出，可通过互惠互利的方式让培训单位提供免费培训名额，比如免费为培训单位提供商场内的场地，让他们进行现场咨询，发放宣传资料。

对于培训名额的抽取，一定要请公证人员在超市现场操作，这样不但可以起到公正公平的效果，提升超市形象，而且能够吸引顾客，提升来客量。

方案2：庆六一，购物赠毛绒玩具

- 促销主题：庆六一，购物赠毛绒玩具
- 促销时间：5月20日—6月5日
- 促销目标：以玩具赠品作为消费购物的吸引条件，扩大商品销量，增加销售额
- 促销形式：打折优惠、赠品促销

- 促销对象：所有顾客
- 促销项目：全部商品
- 促销内容：

促销 POP

“庆六一”购物赠毛绒玩具

亲爱的顾客朋友：

还在为送给孩子们什么样的节日礼品而大费脑筋吗？六一期间，为答谢您的关爱，本店特举办“庆六一，购物赠毛绒玩具”活动，让您购物消费的同时，轻轻松松为您的宝贝带回节日礼品。活动细则如下：

1. 活动期间，本店商品全部打折出售，折扣价从9折至7.5折不等。

2. 购物50元以上者，即可获赠价值为5元的毛绒玩具；购物100元以上者可获赠价值为12元的毛绒玩具；购物满200元者可获赠价值25元的毛绒玩具。

赠品数量有限，送完为止。您还在犹豫什么？赶快行动吧！

活动时间：5月20日—6月5日

◉方案操作说明（供促销策划与执行人员参考）

1. 促销赠品

毛绒玩具（可与厂家直接联系），不同价位的玩具必须能让顾客看出其区别。

2. 促销赠品毛绒玩具

5元×（　　）个 =（　　）元。

12元×（　　）个 =（　　）元。

25元×（　　）个 =（　　）元。

温馨提示

在活动过程中，促销执行人员要注意如下事项：

• 有的消费者可能购物仅达98元或199元，如果出现这种情况，可酌情给予其非规定赠品，如儿童彩笔、键子等小玩具。

• 每日赠品可适当设置上线，在一定时段将赠品送完，这样让没有拿到赠品的消费者有一种期待，以促其二次消费。

儿童节促销经典3案例

案例1：小朋友们齐动手，打扮我们的“光明学童奶”

六一儿童节期间，光明乳业公司曾以提升品牌亲和力为目的，组织了一次把学龄儿童作为对象的品牌塑造活动：小朋友们齐动手，打扮我们的“光明学童奶”。

这次促销活动设计得非常生动活泼，既抓住了儿童、家长的心，也把企业的利益与社会利益很好地结合了起来，深受学生、老师和家长们的欢迎。

促销策划案

主办单位：光明乳业有限公司

活动目的：通过举行鼓励少年儿童的想象力和参与精神的活动，提升品牌形象，加强品牌的亲和力

活动对象：15岁以下的小朋友

活动内容：

如果是15岁以下的小朋友，就请一起来“打扮我们的学童奶”。

放假在家，喝一口“学童奶”，望一望窗外，充分发挥你的想象，创造一片童年的自由天空，画出一个你自己喜欢的图景。开学后，将你的大作交给老师……

我们将请专家组评出自由想象创作比赛的各类奖项。奖项设置如下：

优胜奖3名：得奖者可参加“坐飞机，游内蒙古呼伦贝尔草原”的旅游活动，获奖作品将印在“学童奶”产品包装上。

入围奖100名：可参加暑假光明康复夏令营活动，作品可参加全市性专场展出。

幸运奖3名：为鼓励小朋友们参与活动，特设幸运奖3名，凡投稿者均有机会获奖，参加呼伦贝尔草原游活动。

参与奖1000名：活动另抽取1000名参与奖，可获精美小礼品1份。

获奖小朋友的班主任老师亦可一同参加旅游活动。

◉案例评析

光明乳业的这次活动并未直接要求消费产品，而是将重点放在小朋友的参与精神上，从而增加了产品的亲和力，缩短了与消费者之间的距离，非常有利于品牌形象的树立。

同时，企业设计让老师们也分享学生成功的喜悦，容易得到老师们对活动的支持；其所设计的征稿形式也比较容易得到家长的好感与支持。

特别点评

比较成功的促销活动设计，其关键点是争取让更多的消费者能够参与其中。达到“是我们的产品”的意境，应该是此类促销活动努力的方向。

因此，企业在设计活动时，可以让消费者参与产品的包装设计、宣传设计、商标设计，甚至口味设计或发明出新的产品使用方法等。这样，企业在宣传时，就可借助突出“消费者自己设计”这一主题，获得消费者更多的认同感。

案例2：奇宝饼干洋娃娃被哄抢

联合饼干（中国）有限公司在六一儿童节到来之际，曾在北京10个大商场向顾客散发彩色卡片，以奇宝饼干包装袋加10元换取超级洋娃娃的方式进行了一次非常成功的促销活动。该活动在进行过程中甚至出现了“哄抢”的局面。

促销策划案

主办单位：联合饼干（中国）有限公司。

活动目的：借六一儿童节的儿童消费市场，扩大销售量，提高品牌知名度。

活动对象：北京购买奇宝饼干3袋以上的所有顾客。

活动内容：

在儿童节临近之时，于北京10大市场向顾客散发彩色卡片，卡片附言：

顾客凭此卡（复印件有效），加上奇宝饼干包装袋3个，再加上10元，就可以前往设在10个大商场的促销点兑换1.5米高的洋娃娃。

同时，卡片上附有消费者必须填写的表格。这种卡片还在客流量大的热闹街区派发，仅新街口一处就散发了1.5万张。很多顾客在购买的奇宝饼干包装袋中也发现了这种彩色卡片。

◉案例评析

这是一个非常典型的赠品促销案例，促销能够成功的关键就在于赠品的选择非常成功。一般而言，在赠品促销中，充当赠品的商品必须是新颖、独特、契合主题且价钱不太高的商品，并能借用这个商品起到抛砖引玉的作用，使消费者愿意购买带来赠品的商品。

在这个案例中，有两点非常值得借鉴：

1. 赠品的选择相当成功：选择洋娃娃作饼干赠品，对消费者有强烈的吸引力，否则不会有这么多参与者。有消费者表示：如果卖，花钱也愿意。

2. 是一个积点赠送与部分付费相结合的促销。集包装袋可以促销库存的饼干，填写表格可以收集目标消费者的宝贵资料，交10元可以降低活动成本。这3项条件不但对企业有利，消费者也容易做到。

案例3："力波"啤酒"情系希望工程"活动

"希望工程"往往受到全社会的关注。而企业投身其中可以提高自身的形象，赢得社会效益。民乐啤酒公司在六一儿童节期间，曾以"您的举手之劳，

孩子的美好明天”为名进行了一次“力波啤酒情系希望工程活动”。

促销策划案

主办单位：上海民乐啤酒有限公司

活动目的：热心公益事业——“希望工程”，提升企业和品牌的亲和力。

活动对象：热心公益事业的消费者

活动内容：

在为期两个月的活动时间内，消费者若发现“力波”啤酒的瓶盖内印有“力波啤酒，上好的选择”的标记，将其揭下并连同个人资料寄回或投入设在指定地点的票箱内，经公证处统计后，公司将以每个标记折成5分现款，捐资“希望工程”。

消费者多饮多集多寄，其献出的爱心就越多，“力波”捐资就越多，“希望工程”的孩子们得到的帮助也更多。

另外，为感谢消费者的一片爱心与努力，公司还从所有来件中抽出幸运消费者进行鼓励。在活动中，还分设了大量的投票地点，以方便消费者投递，并将投票地址刊登在广告中。

◉案例评析

民乐啤酒公司举办的这项活动，目的是希望广大消费者积极参与，使“希望工程”的孩子们得到帮助，从而获得宝贵的无形财富——社会声誉。

特别点评

当然，这项活动对消费者的奖励投资不足10万元。用于“希望工程”的赞助也不会超过这个金额，所以本次活动对企业来说投资并不高，但活动为企业所带来的社会效益却是很高的。

正如促销活动的策划者所言，这比单纯的抽奖促销活动更能赢得广大消费者的认同与好感，是一笔相当划算的“交易”。

你问我答（相关知识链接）

儿童节促销的6大关键点

中国人口是世界上最多的，中国儿童也是全世界最多的，15岁以下有9000多万，并且，中国儿童占家庭消费影响率高达68%。因此，儿童节促销是商家销售收入的一个关键点。

那么，儿童节促销，商家需注意些什么呢?

- **质量第一，价格适中**

儿童对价格的敏感度很低，甚至没感觉，所以六一期间大打特价牌的作用很小。若购买大件商品，都有父母跟着，在父母眼中，小孩比自己还重要，买特价商品给孩子使用的几率很小。因此，儿童节促销，商品质量是第一位的，至于价格，保持适中就可以了。

- **注重现场氛围胜于商品陈列**

儿童特别注重卖场的友好气氛。儿童节期间，有些厂家很重视商品陈列，而现场却冷冷清清。但儿童和大人一样，喜欢热闹，与其买了很多摊位，不如花点小钱，把气氛弄得热闹一点、友好一点，这样收获也会大一点。

- **儿童节，儿童才是消费主体**

儿童节促销，除了策划、广告的宣传外，卖场陈列也必须考虑到儿童的特点，其中包括他们的身高、体重、力量，这是影响他们选购的重要因素。试想一下，一个小孩能拿动6瓶可乐的捆绑促销吗?

- **使用者和购买者不是同一个人**

有些企业走到了另一个极端，只考虑促销是针对儿童的，却忽略了儿童用品使用者和购买者不是一个人这一关键问题。因此，儿童节促销，有些商品需要针对大人促销，打动掏钱的人，才是促销的真正目的。

● **促销礼品吸引不了儿童**

儿童节逛街最多的是一家三口，购物也就不只局限于儿童用品。因此，促销礼品针对儿童开发，一定会吸引家长们掏钱包。比如在“奇宝饼干洋娃娃被哄抢”这一案例中，促销品虽是饼干，但附赠礼品却是儿童喜爱的洋娃娃，这也是这一促销活动成功的一大原因。

● **注重场外活动更要注重场内销售**

场外热热闹闹，场内冷冷清清，这强烈的对比使很多企业伤感。原因很简单，许多商家要求厂家搞场外促销，结果吸引了很多人气，但销售专柜前没有购买的人，这种吃力不讨好的事最好少干。

“付费赠送”的3大操作要点

付费赠送，是指消费者必须通过缴纳足够支付赠品、邮资、处理杂费及税金等费用的方式来换取赠品。付费赠送是所有促销术中被应用最广泛的一种促销方式，也是只求轻松简单地符合销售计划的营销人员最喜欢的促销方式。

“付费赠送”式促销在其实际操作过程中须特别注意以下3点：

● **促销活动必须针对特定的消费群体**

利用市场细分。锁定针对性强的特定消费群体，使广告宣传具有更强的针对性，保证促销信息能更有效地传达给目标消费人群。

● **赠品要具有独特性**

赠品要具有独特性，最好是只能从此次赠送活动中获得而别无他途。同时，在举办活动前务必做好赠品的喜好测验。在宣传过程中，可以适当夸大赠品的价值，让消费者产生“物超所值”的购买欲。

● **严格控制相关的兑换处理程序**

要严格控制兑换处理过程，最大可能地避免类似投递错误、时间耽搁、邮寄遗失等问题的发生。如果发生了类似事件，消费者会产生反感情绪，从而影响品牌信誉。

第 13 章　端午节促销

端午节的由来与促销分析

农历五月初五端午节，是我国民间三大节日之一。端午节又称为端阳节、重五节、重午节、女儿节、天中节等。端午中的“端”是开始、起初之意，“午”是农历地支纪月五月的称呼，“五”与“午”既同音又通用，因此五月初五就叫做端午。

端午节的由来

关于端午节的起源说法不一，民间流传较广的说法是为了纪念古代伟大的爱国诗人屈原。

屈原是战国时楚国人，曾为楚国左徒（仅次于宰相的官职）。由于楚王宠信奸佞，听信谗言，政治腐败，当楚国首都为秦攻破时，屈原无力挽救危亡，又深感自己的政治理想不能实现，就于公元前 278 年农历五月初五抱石沉入今湖南省汨罗江。

传说屈原投江后，尸体始终未浮上来，当地渔民为了使屈原尸身免遭鱼龙虾蟹的侵害，便包了许多粽子扔进江里，以后逐渐形成了一种固定的习俗。同时，为纪念这位伟大的爱国诗人，后人把这天定为端午节。

每逢此节，民间都会有带香袋、吃粽子、赛龙舟的习俗。香袋表示屈原的品德节操如馨谧艺，万古流芳；粽子原是防止鱼把屈原的尸体吃了，

后成为节日食品；划龙舟则表示要去营救屈原。当然，各地的饮食习惯也有不同：江西萍乡人吃包子和蒸蒜；山东泰安一带吃薄饼卷鸡蛋；河南汲县一带吃粽子和油果。

也有的认为端午节是龙的节日。这是闻一多先生提出来的，现在学术界大多沿用此说。此外，一说是纪念伍子胥；一说是起源于夏、商、周时期的夏至节。

在传统节日里，端午节是渊源最早的一个节日，一直以来都是中国一个较大的节日，特别是在南方，端午节更受人们所重视，甚至将其视为团圆、喜庆的大日子。端午节民俗主要有吃粽子和赛龙舟活动。

◉端午节促销推荐商品

1．端午食品——粽子

粽子和粽子配料是端午节的必备商品，有条件的卖场可制作大型龙舟陈列或粽子一条街，无条件的可做简单粽子堆头陈列。而包粽子所用的配料可挑出来，陈列于粽子堆头旁边以达到关联陈列的效果。

2．饮料、副食品、各种酒类

在以粽子为节日食品的端午节，饮料、副食品、各种酒类的销售量也会有所提高，因此卖场在宣传促销粽子的同时，也要以各种活动带动这些产品的销售，达到以点带面的效果。

3．日常百货及家居用品

端午节来卖场选购粽子和相关节日食品的顾客，多为家庭主妇，因此，他们在选购节日食品的同时，也会关注日常百货和家居用品。借助节日客流量增加的机会推出日常百货和家居用品的促销特卖活动，也将会有很大的收获。

五月五端午促销3方案

- 中心主题：五月五庆端午，娱乐比赛一起来
- 促销时间：农历五月初二至五月初七
- 促销目标：借助端午节“寓教于乐”的民俗活动，回馈顾客，提高公

司知名度，吸引人潮，并提高活动日的营业额

- 氛围布置：以粽子和粽子配料制作大型龙舟陈列或粽子堆头陈列；墙报以端午知识和粽子的制作方法为主，海报、广播则以粽子特价为主，附带简要的端午知识宣传
- 活动计划：

1. 画龙舟说屈原，小朋友说说画画过端午
2. 亲子陆地龙舟赛
3. 家庭“集集乐”活动

- 活动宣传 POP：

促销 POP

五月五庆端午，娱乐比赛一起来

亲爱的顾客朋友：

为庆祝端午节、纪念屈原伟大的爱国精神、保留并发扬民俗传统，我店特于端午节期间举办多项亲子娱乐活动，让您和您的孩子在“寓教于乐”中欢度这个美好的节日。

活动内容如下：

1. 画龙舟说屈原，小朋友说说画画过端午（端午节前的周日）：借说故事与画图比赛让小朋友知道端午节的由来，并借此增强小朋友的创作与表达能力。

2. 亲子陆地龙舟赛（端午节当天）：“寓教于乐”、欢度佳节，并借此机会增进家庭成员间的感情，促进社会的和谐发展。

3. 家庭“集集乐”活动（农历五月初二至五月初七）：让您享受购物的乐趣，增进与子女间的情感。

活动具体内容请参考活动当日的 POP 宣传海报。

活动时间：××月××日—××月××日

方案 1：画龙舟说屈原比赛

- 活动宗旨：借由说故事与画图比赛，让小朋友知道端午节的由来，并借

此增强小朋友的创作与表达能力

- 活动时间：端午节前的周日早上 10 时
- 活动地点：本店大门前广场
- 活动对象：幼儿园小朋友与小学生
- 活动方式：

1. 说故事比赛：小朋友各自准备一则与端午节有关的故事，时间以不超过 10 分钟为限，当日在活动现场报名即可。此活动将现场评出最佳表演奖 3 名，各奖××公司礼券××元；优胜奖 10 名，各奖×品牌高级饼干礼盒 1 盒。

2. 画图比赛：主题与端午节相关，将作品画在 4 开图画纸上，于活动当日上午 10 时至下午 5 时交至活动地点即可。此活动也将现场评出最佳表演奖 3 名，各奖××公司礼券××元；优胜奖 10 名，各奖×品牌高级饼干礼盒 1 盒。

- 活动预算：

1. ××公司礼券：6 份，控制在 1000 元以内，可与活动赞助单位共同制作此礼券，并请赞助单位承担此项费用。

2. ×品牌高级饼干礼盒：20 盒×15 元/盒 =300 元，可请赞助单位提供此份礼品。

◉方案操作说明（供促销策划与执行人员参考）

此方案的操作关键点在于宣传和现场秩序的维持。可与店铺附近的幼儿园、小学联系，请他们先对参赛选手进行初步评选，再进行现场比赛。对于现场临时参加比赛的小朋友也要热情接待，并鼓励其大胆参与。

现场评委可以聘请附近参赛的幼儿园和小学的专业老师担任，如果有条件，也可以聘请部分文化部门的专业人员担任评委。活动结束后，可赠送粽子等节日礼品作为感谢。

方案 2：亲子陆地龙舟赛

- 活动宗旨：“寓教于乐”、欢度佳节，借此机会增进家庭成员间的感情联系，促进社会的和谐发展

- 活动时间：端午节当天下午 2 ~ 5 时
- 活动地点：本店大门前广场
- 报名时间：端午节前 10 日至端午节前 1 日
- 活动对象：凡是亲戚，不论父子、母女、兄弟姐妹皆可参加，2 人一组，年龄不限
- 活动方式：

同一组的参赛者并列站立，将 2 人各一只脚捆绑在一起，手里各拿 1 块木板作为龙舟，由起点跑至终点。以到达终点的时间先后确定冠军、亚军和季军。

获得冠军的小组将奖励××公司礼券 255 元，亚军奖励××公司礼券 155 元，季军奖励××公司礼券 55 元。

另外，凡参与活动并坚持到终点的所有小组皆可获赠精美礼品 1 份。

- 活动预算：

1. ××公司礼券：可与活动赞助单位共同制作此礼券，并请赞助单位承担此项费用。礼券金额可根据参赛者的数量与赞助单位协商确定。

2. 精美礼品：可请赞助单位提供此份礼品，或者将店铺库存的礼品重新包装后使用。

◉方案操作说明（供促销策划与执行人员参考）

此方案的操作关键点在于如何引起更多家庭的关注并鼓励其参与，因此，促销宣传单的发放可以住宅小区和人口密集的菜市场、超市门口为主。

方案 3：家庭“集集乐”活动

- 活动宗旨：让消费者到本店购物的同时，还能享受购物时的乐趣，从而巩固老顾客，吸引新顾客，并提高活动期间的营业额。
- 活动时间：农历五月初二至五月初七
- 活动地点：本店卖场
- 活动对象：对象不限，凡有兴趣者皆可参加
- 活动方式：

1. 积分活动：凡在本店消费满30元即为1分，具体奖励见下表：

积满10分	送精美酒杯一套（4只）
积满20分	送××元折价券一份
积满30分	送精美餐具一套
积满40分	送××元折价券一份
积满50分	送×品牌热水瓶1只

2. 集字活动：凡在本店消费的所有顾客，均可参加本活动，活动内容为：

在本店卖场中找出“五月五，庆端午”六个字牌，即可用1元购买×品牌粽子一袋，或1.25升可口可乐一瓶，或×品牌卫生纸、衣物柔软剂等日用商品。

- 活动预算：

1. 赠品：酒杯、餐具、热水瓶等由厂商提供赞助。

2. 礼券：由总务处和赞助商共同印制，礼券背面或背景可为赞助商刊登广告。

3. 其他：“集字活动”中所卖的日用商品等由厂商赞助。

◉方案操作说明（供促销策划与执行人员参考）

此方案的操作关键点在于“积分”的记录和累计，可通过会员卡的消费积分记录和累计，也可用专门的积分卡累计记录，但必须准确、及时。

端午节促销经典案例

案例：端午节包“爱心粽子”比赛

为庆祝端午节、纪念屈原与保留民俗传统活动，华联超市×分店在端午节前夕，举办了一场别开生面的“端午节包‘爱心粽子’”比赛。这次活动不仅提高了该店的粽子销量，增进了与消费者之间的情感，而且成了消费者茶余饭后的一段佳话。

促销策划案

主办单位：华联超市×分店

活动目的：借庆祝端午节的机会，提高本店节日食品的销量，增进与消费者的感情，提高企业的社会美誉度

活动对象：所有顾客，本店会员优先

活动内容：

为迎接中华民族的古老节日端午节，本店特于近日举办包“爱心粽子”比赛，欢迎广大顾客积极参与。活动结束后，本店将把这些粽子分送给养老院及育幼园等社会福利中心，借以回馈社会。

活动方式：

1. 参加比赛的顾客请携带本人身份证到服务台报名，并填写报名表一份。本店会员免费报名，非会员报名费5元。

2. 凡参加比赛的顾客，均可获赠端午节纪念礼品1份。

3. 比赛规则：在30分钟内，看哪位参赛者包的粽子又快又好，并取前3名，及粽子最佳上镜头奖。

4. 得奖者将获得××公司免费赠送的购物礼券××元，此礼券可在本店各柜台购买任何等价值商品。

5. 比赛结束后，所完成的粽子将送给养老院、育幼园等社会福利中心。

◉案例评析

粽子是端午节必备的节日食品，但现在有机会亲自动手包粽子的人越来越少。能够为顾客提供亲自动手包粽子的机会，让更多的人，特别是都市的年轻一辈体会包粽子的乐趣，是这次活动成功的关键。

特别点评

粽子在中国有近千年的历史，但随着社会的发展和生活节奏的加快，现在会包粽子的人越来越少，因此，该店在推出本次活动时，如聘请一些包粽子的老师傅做现场指导，并配合卖场各个品牌、口味的粽子的销售，一定会达到非常好的促销效果。

你问我答（相关知识链接）

促销游戏的利弊分析

“促销游戏”是基于人们追求幸福快乐的天性而设计的一种促销方式。聪明的营销人员能借助游戏活动充分满足人们的这种需求，将枯燥简单的商业促销活动变得丰富多彩、引人注目。

在促销表现形式上，“促销游戏”不拘一格，具有非常大的创作空间。市场上流行的“刮刮卡抽奖”其实就是“促销游戏”的一种，其以新颖、有趣的形式使抽奖活动变得更有趣味性，从而激发了人们参与活动的热情。

因此，“促销游戏”具有如下3大优点：

1. 有趣的“促销游戏”能引起消费者较多的注意

新奇的活动主题，丰富的游戏组合，都能引起消费者的好奇，增加消费者进一步了解产品的兴趣。同时，吸引人的游戏主题能帮助产品广告创造差异化，使广告更易受到大众的关注。

2. “促销游戏”活动能激励消费者反复购买

大多数游戏活动的设计，都要求消费者多次购买以达到奖励目标，如拼图、配字等都需获取足够多的标志才能拼配成。而且消费者一旦学会了游戏方法，参加了游戏活动，多数不会中途退出，甚至会增加购买量，以符合游戏要求。

3. 有趣的活动能使活动参与者加深对品牌的印象

饶有趣味的游戏活动能够淡化促销活动的商业气氛，并且游戏过程的本身是与产品品牌息息相关的，所以，此类活动并不会损害产品的品牌形象，反而会加深活动参与者对品牌的印象。

同时，如果对参加者设计针对性比较强的游戏，还有利于特定目标消费群的产品营销。

温馨提示

"促销游戏"在具备以上几个优点的同时，还有如下3大不足之处，需要引起促销策划与执行人员的注意：

- 游戏活动多数比较复杂、花巧，这一点可能阻碍部分消费者参加的兴趣。而如果消费者对产品功效不了解或对品牌比较陌生，复杂的游戏活动就更难促使他们投身其中。
- 不同年龄、性格、教育程度的消费者，都会对游戏活动有不同的反应，很难找到令所有人都感兴趣的游戏活动，这对于消费者为多的大众消费品来说是个不利因素。
- 比较复杂的游戏活动需要投入大量的精力"教"会消费者游戏方法，在游戏中，还得做大量的广告以渲染游戏活动正在热烈举行中，还有不少奖品待发，鼓励消费者积极参与，为此企业需花费大量的媒体宣传费用。

如何掌握"促销游戏"活动的分寸

"促销游戏"虽然以其趣味性、娱乐性而吸引了更多消费者的参加，但其本身的复杂性与局限性也限制了人们的进一步投入。

所以，企业应扬长避短，在宣传中突出欢快热闹的气氛，尽可能通过演示、图例等方法，让消费者感到方便有趣，再以诱人的奖品作饵，以保证"促销游戏"取得成功。

在设计"促销游戏"的方式时，除了应充分考虑其趣味性外，另外还需特别注意以下几点操作原则：

- **活动设计的参与者应是目标消费者**

虽然每个人都有一定的童年兴趣，但不同年龄、不同阶层的消费者对游戏类型的接受度还是会有很大差异的。因此，唯有针对产品目标消费群的心理所设计的游戏才能打动他们。

● **游戏的方式应尽量简单且具备可操作性**

尽管游戏内容的趣味性和可操作性在某种意义上有一定的矛盾，趣味性强的内容势必会复杂一些，但是，只要游戏的原理比较简单，并能赋予时尚的含义，同样具有可操作性。

● **游戏的设计应具有可控制性**

所有“促销游戏”都必须具备一个共同的特点：即能比较有效地控制游戏奖品的总数。

而且，如果要让消费者在游戏上花费一定的精力，不宜再设计成最后抽奖的方式来控制奖品数量，否则会影响消费者参与的积极性。

第 14 章　父亲节促销

父亲节的由来与促销分析

走进繁花似锦的盛夏，在6月的第三个星期日，我们迎来了一个与母亲节同样伟大的节日——父亲节。这个节日，似乎少了母亲节的温馨和柔情，却多了一份伟岸和坚强。据说，选定6月过父亲节，是因为6月的阳光是一年之中最炽热的，象征了父亲给予子女的那火热的爱。

父亲节的由来

同母亲节一样，父亲节也起源于美国，并由美国人约翰·布鲁斯·多德夫人倡议成立。

多德夫人早年丧母，她有5个弟弟，姐弟6人的生活负担全落到了父亲身上。父亲每天起早贪黑，无微不至地关心着孩子们的成长，既当父亲又当母亲，自己则过着节衣缩食的节俭日子。多德切身体会到父亲的关爱，感受到父亲的善良与伟大。

1909年，多德在美国首都华盛顿宣传母亲节时，想到了自己的父亲，深感父亲这种自我牺牲的精神应该得到表彰，做父亲的也应该像母亲们那样，有一个让全社会向他们表示敬意的节日。

于是，多德写信给华盛顿州政府，建议以她父亲的生日，每年的6月5日作为父亲节。州政府被她的真情打动，很快采纳了这一建议，只是把日期改在每年6月的第三个星期日。

随着社会的发展和变化，美国离婚率不断上升，单亲子女增多，在许多家庭中，父亲的职责明显加强；另一方面，女性就业人数增多，父亲也必须承担更多的家务。在这种情况下，子女对父亲的依恋不断增强，父亲节也就逐渐向全国推广开了。

1924年，卡尔文·克立兹总统办公室对这一节日表示了赞同。1972年，在各方强烈呼吁下，美国总统尼克松签署了建立父亲节的议会决议，使“父亲节”成了全国性的节日。

今天，父亲节受到东西方世界许多国家的认同。每到这一天，子女们总是向辛劳的父亲致以敬意，自己动手为父亲做一顿丰盛的早餐，并亲手端到父亲床前。孩子们还要制作一些精美的小礼品送给父亲。

而且，与母亲节一样，在父亲节这一天，人们也在胸前佩戴特定的花朵。一般来说，佩戴红玫瑰表示对健在父亲的爱戴，佩戴白玫瑰则表达对已故父亲的悼念。父亲节的庆祝方式也和母亲节大致相同，所不同的也许只是父亲们喜爱的礼物不是糖果而是雪茄。

与三八节、母亲节等女人的节日相比，父亲节这个唯一属于男人的节日，似乎不像母亲节那样受商家的青睐和关注，但依然是个不错的促销机会。借助这个商机，商家可以大打一次男性消费者的促销牌。

◉元旦促销推荐商品

在多数消费者和商家的眼里，父亲节是个含蓄的节日，那么，哪些商品更能打动诸多儿女和千万父亲的心呢？

1．男士服装、饰品

父亲节促销首选当然是男士服装，如西装、西裤、衬衫、领带以及男士休闲装、T恤、男士鞋袜等。同时，适合男士佩戴的精美首饰，如佛珠链、竹节链、皮具、皮包、怀表及户外用的挂表、指南针等也是父亲节的促销上品。

2．男士时尚化妆用品

准备为父亲送一份特别礼物的时尚男女，开始把目光投向很少有人关注的男士化妆品，而男士护肤品、须后水、防晒霜、品牌香水等时尚化妆用品也开始在父亲节的销售专柜崭露头角，并成为“父亲节”市场新的增长点。

3．营养保健食品

和母亲节一样，保健食品、补品和按摩椅等保健、健身用品也是儿女们送给父亲的节日礼品。而且，在相对含蓄的父亲节，儿女们更愿意用这些保健、健身用品向父亲传达自己的一片孝心。

4．女士服装、饰品及化妆用品等

在为父亲选购节日礼品的同时，细心的女士们也会为自己挑选一些时尚又实惠的服装、饰品及化妆用品。因此，借助父亲节的促销活动而带动整个卖场的销售热潮，才是父亲节促销的真正目的。

父亲节促销2方案

方案1：父亲节，玩互动游戏送大礼

- 促销主题：玩“父子老爷车”，得心动大礼
- 促销时间：父亲节当日
- 促销目标：通过对这个特殊日子的情感渲染和互动游戏，体现商场的人性化经营，吸引男性消费者并拉近彼此距离
- 促销形式：情感促销、游戏促销
- 促销对象：所有男性顾客
- 促销内容：

促销 POP

玩“父子老爷车”，得心动大礼

亲爱的顾客朋友：

父亲节，这个伟大的日子，是伟大而坚强的父亲们的节日，更是普天之下所有男性的节日。无论您是父亲还是儿子，都应该享有快乐的今天。

为伴您渡过快乐而难忘的节日，我商厦特精心推出一款互动游戏——“父子老爷车”。凡在本商厦购物（或交一元活动基金）的所有男性顾客，均可推动这部欢乐之车，赢取属于您的心动大礼。

心动不如行动！推动欢乐“老爷车”，精美礼品等你拿！

活动时间：6月15日—6月20日

◉方案操作说明（供促销策划与执行人员参考）

1．氛围设置

大型海报：告天下父亲书——用于父亲节情感渲染的大型海报，张贴于商场门前醒目位置或公告栏，应制作精美，能引起读者的共鸣。

卖场POP：父亲节真情告白——在卖场内以红纸、黄广告色书写有关父亲节的具有煽情效果的文字，如“伟大源于父爱，快乐送给父亲节”等。

视觉刺激：《父子老爷车》——这是一部由陈强父子演出的喜剧。为配合这一活动，可以在卖场门前的放映区作个老剧新放，就放送这部喜剧电影。

2．活动设置

活动场地布置：在卖场开阔地带设置互动游戏场地，活动以《父子老爷车》为名。在地面用背胶喷绘橡纸制成公路的样子（或以即时贴制作），在“公路”两旁设置不同金额的奖项。

活动用品准备：儿童玩具车一部（最佳选择为老爷车模型），奖品若干份。

3．游戏规则设置

凡在商场购物（或交一元活动基金并留下联系方式）的男性顾客均可参加此活动。

参加者在“公路”起点上，以手推为动力，将小车驶向指定目标。

按小车所停稳的奖区获奖。小车滑出“公路”或翻车，均视为无效。

按获奖区划分，经现场试验后再定。

温馨提示

活动宗旨在于吸引顾客参加，奖品价值不必太高，但奖品数量要准备充足。让顾客觉得得奖是一件既有趣又轻松的事，绝不是商场变相的赢利行为。

方案2：温馨父亲节，购物欢乐三重送

- 促销主题：温馨父亲节，购物欢乐送
- 促销时间：父亲节前一天——父亲节后一天（共3天）
- 促销目标：借助父亲节的促销活动，锁定男性这个庞大的消费者群体，提高男性商品的销售量
- 促销形式：购物满××元送××礼品
- 促销对象：所有顾客，以男性顾客为主要促销对象
- 促销商品：所有商品
- 促销内容：

促销 POP

温馨父亲节，购物欢乐三重送

亲爱的顾客朋友：

为回馈广大顾客对本店的支持与厚爱，在父亲节这个伟大的节日来临之际，本店特举办“温馨父亲节，购物欢乐三重送”优惠大酬宾活动。活动详情如下：

1. 送给父亲的祝福（父亲节前一天）：凡在本店购物满100元的父亲，凭购物小票，即可领取蛋糕和黄玫瑰一套，每人限领一套，限前50人，送完为止。

2. 购物免费摄影（父亲节当天）：凡在本店购买任何商品，满100元的顾客即可参加，每对父子（女）限照一张，每天限前100人。

3. 购物送大礼（父亲节后一天）：凡在本店男装部购物满200元的顾客，即可获赠啤酒6听或领带一条（两者任选其一，限单张购物小票），赠品数量有限，送完为止。

欢乐多多、祝福多多、礼品多多，赶快来吧！

活动时间：6月×日父亲节期间

◉方案操作说明（供促销策划与执行人员参考）

父亲节期间，多数商场、超市都不做大型主题陈列，只是将相应的男士用品集中陈列于促销车内，而且本方案的重点在于购物满××送××，是一种比较普遍的节日促销方式。但即便如此，促销执行人员也需特别注意以下几点：

1. 促销宣传单和入口处大型看板，应以温馨、厚重为主调，以突出“父爱”的伟大和对父亲的关注。

2. 所赠送的礼品可与销售商或生产厂家直接联系，也可以通过为其做专门陈列或宣传展示进行交换，以减少促销费用的支出。

3. 由于本方案中的礼品赠送有人数限制，所以执行者要把好关，但如果遇到特殊情况，也可额外赠送某些顾客其他礼品，可视具体情况而定。

父亲节促销经典案例

案例：海尔剃须刀，献给父亲节的时尚礼物

精巧时尚、功能多样、锋利耐用的海尔剃须刀，正成为领导剃须刀时尚化的先锋。为进一步扩大其市场占有率，海尔公司在父亲节，这个夏季的特殊日子，开展了一次以“时尚全天候，动感随身行”为主题的促销活动，并以此作为献给父亲节的礼物。

促销策划案

主办单位：海尔具备推广剃须刀资格的各工贸公司

活动目的：借助“创意贴面干湿两剃，动感按摩随心所欲”这一卖点，吸引消费者，提升海尔剃须刀的市场知名度和美誉度

活动对象：所有购买剃须刀的消费者

活动内容：

在指定卖场的活动现场，举办者将选出几对夫妻、恋人或父女，女方为其丈夫、朋友或父亲现场剃须。剃完后，女方将猜出对方心中的感觉。这种感觉只要合情合理，就可免费获得现场使用的剃须刀。

另外，凡于活动期间购买海尔剃须刀指定品牌和任何一款剃须刀的用户，均可获得动心大礼一份，并以此作为父亲节献给“父亲”的时尚礼物。奖品设置有：海尔精品打火机、海尔礼品手表、海尔礼品金笔、海尔礼品钥匙包等。

◉案例评析

海尔的营销人员成功借助了这个男性唯一的节日——父亲节，是海尔剃须刀作为上市不久的新产品，却能迅速提高品牌知名度，并在同功能、同价格的同类产品中获得市场优势，实现良性循环的关键所在。

特别点评

剃须刀是纯粹的男性用品，但很少有男士注重商家的促销活动。海尔选择在父亲节为剃须刀做促销，可谓用心良苦。

一方面，把剃须刀作为父亲节的礼物，为很多不知道在这个节日送什么礼物的子女指点了方向；另一方面，即便粗心的子女也会在这天特别关注男士用品，这也为海尔剃须刀走向市场推开了一扇大门。

因此，特殊产品或者竞争比较激烈的产品，要想通过促销的方式崭露头角，必须能够选择合适的促销时机，并拥有鲜明而独特的促销主题。

你问我答（相关知识链接）

以情动人的情感促销法

现代商业经营的特点，是从简单的店铺与顾客的钱货交易，上升为店铺与顾客的感情交流。因此，加强感情的沟通是商业经营的重要内涵。情感促销法就是这种感念的实践。

情感促销法，能使店铺、卖场、企业、品牌赢得自己的市场并树立良好的形象，同时还能增加其与广大目标消费群的感情联系，可谓一举两得。

案例

某百货大楼位于该市的二级商业区，周边约有20万居民，针对这些消费者的特点和需求开拓市场，该店采用了以情动人的情感促销法：

1. 送玫瑰

新店开业时，该店推出“送你一支玫瑰”活动，向附近居民挨家挨户上门赠送，并派出礼仪小姐赴主要街道、厂矿、学校，向市民和游客赠送鲜花，一时之间成为该市街头巷尾的佳话。

2．购物送保险

9月，该店又开展了为期一个月的“金秋家庭财产保险购物”活动：凡9月到该店百货大楼购物满200元的顾客，均可免费为其代办1000元的家庭财产保险；购物满3000元者，免费办理10000元家庭保险。

这一招引来了大批顾客，也受到社会各界的赞誉。于是该百货大楼9月的商品销售额高达800万元。

3．举办购物娱乐活动

12月，该店又推出“迎新购物娱乐活动”，按照消费者购买商品的金额，分别免费提供婚礼录像、团圆饭、卡拉OK、拍“全家福”等情意浓浓的服务。这些充满人情味的服务，体现了他们对顾客的一片真情，其回报是该百货大楼的商品日销售额节节上升。

感性消费的促销宣传3策略

一般认为，消费者的消费形态分为两种：感性消费和理性消费。感性消费以是否能够满足人们心理感受为重要的衡量标准，是当今消费的一大趋势。

感性消费与理性消费相对立，它注重的不是商品的物质本身，而是重视“情绪价值”胜过“机能价值”，即更加重视附着在商品物体上属于象征性的、意义性的、符号性的成分，更加重视个性的满足与精神的愉悦。

1．感性消费的3大特点

- 在消费行为发生前，消费者要求商品能成为满足其寄托情感、展示个性、愉悦精神等感性需要的道具。所以，感性消费的商品是感性商品。
- 在感性消费行为中，导购人员、店铺位置和商品陈列等偶然因素发挥着重要作用，特别是在购买欲不强时，通过某种偶然因素，实现感性消费的可能性会变得很大。
- 在感性消费行为发生后，其消费过程并不像理性消费那样，随着商品存在物质的消亡而完成消费过程，感性消费也许早在商品的物质消亡之前，就将消费过程终止了。

2. 针对感性消费的促销宣传3大策略

感性消费要求企业充分研究消费者的心理和真正的喜好，这是在感性消费时代生产企业和营销商进行一切市场活动的基础。

在产品方面，要根据市场细分原理，掌握不同消费者的不同心理需求，针对不同的心理需求进行分门别类的感性设计。同时要树立诱导消费的观念，通过引导需求来创造市场。

因此，针对感性消费的具体宣传策略包括：

- 感性消费的诉求对象都是充满感性的人，冲动消费的主体是女性消费者特别是年轻的女性，流行消费的主体是年轻的一代。因此，在宣传诉求中应充分表达他们的心理特征和情感要求，采取他们喜欢的诉求方式。
- 促销宣传的诉求重点则应放在该商品所包含的情感含义以及对情感的表达上。诉求重点不是要找出其表面的需求，而是要找到其内在的真正需求。
- 在促销宣传的诉求方法上，针对感性消费的宣传应该较多地采取感性诉求策略，这样会给消费者带来某种积极的心理感受和心理暗示，更容易唤起受众的认同和好感。

第 15 章　七夕——中国情人节促销

七夕情人节的由来与促销分析

农历七月初七，是中国传统节日里最具浪漫色彩的“七夕节”，是传说中牛郎与织女一年一度在银河鹊桥相会的日子。每到七夕，有情人总会仰望星空，祈祷爱情忠贞不渝，因此该日也被称为中国的情人节。

七夕的由来

相传，由无数恒星组成的银河是一条横亘夜空的天河，它把多情的牛郎和织女隔开了，只有每年七月初七，天下的喜鹊搭成一座鹊桥，他们才能相见。这个美好的传说始于汉朝，经过千余年的代代相传，深入人心。

牛郎父母早逝，又常受到哥嫂虐待，只有一头老牛相伴。一日老牛开口告诉牛郎，黄昏时将有七仙女于湖中沐浴，届时可趁机取走一套衣服，使之无法返回天庭。牛郎依计行事，果然娶织女为妻。婚后，他们男耕女织，相亲相爱，并育有一对儿女，生活得十分美满幸福。

但好事不长，织女牛郎成亲的事终被天庭得知，王母下令天神抓回织女。牛郎回家不见织女，急忙依老牛临终所嘱咐，披上牛皮，担了两个小孩去追。眼看就要追上，王母心中一急，拔下头上金簪向银河一划，昔日清浅的银河一霎间变得浊浪滔天，牛郎再也过不去了。从此，牛郎织女天各一方，朝暮相望却不得相聚。

后来，玉帝和王母被其至诚之情感动，准许他们每年七月初七相会一次。相传，每逢七月初七，人间的喜鹊就要飞上天去，在银河为牛郎织女搭鹊桥相会。七夕夜常会下雨，被称之为七夕雨，传说就是牛郎织女倾诉相思的泪水。

牛郎织女七夕相会这一千古流传的爱情故事，成为我国四大民间爱情传说之一。同时，七夕坐看牵牛织女星，也成为民间的一个习俗。据说，七夕之夜，抬头可以看到牛郎织女的银河相会，在瓜果架下可听到两人在天上相会时的脉脉情话。

七夕又称乞巧节或女儿节，这一天，民间有向织女乞巧的习俗。相传，织女是一个美丽聪明、心灵手巧的仙女，并在七夕夜与牛郎相会于银河鹊桥。因此，凡间女子便在这个晚上向织女乞求才智和巧艺，当然更少不了乞求自己美满的姻缘。

七夕节的饮食风俗，各地不尽相同，但都称其为吃巧食。巧食以饺子、面条、油果子、馄饨为主。还有许多民间糕点铺，会制作一些形如织女的酥糖，俗称“巧人”、“巧酥”，出售时又称为“送巧人”，此风俗在一些地区流传至今。

可以说，七夕节是中国传统节日中最具浪漫色彩的节日，如今，七夕乞巧节已经逐渐演变发展为华人的“情人节”。

由于有了美好的爱情故事做背景，农历七月初七的“七夕节”成了继2月14日“情人节”之后，又一个情人、爱人、恋人相聚的理由。为了抓住这一商机，七夕前半个月，众商家就开始策划并组织了各种形式的促销活动。

◉元旦促销推荐商品

同是情人节，2·14西洋情人节以鲜花和玫瑰为信物，而面对七夕，这个中华民族的传统节日，商家又该用什么来打动那一对对甜蜜的恋人呢?

1. 七夕观星大行动

与2·14不同，近70%的恋人表示，在七月七，更愿意选择“拉着你的手，坐在一起看星斗”的户外活动。因此，旅行社或社团、俱乐部不妨借机推出“七夕观星大行动”的主题活动，以吸引这些梦想一起牵手观星的情侣们。

2. 鲜花与巧克力

七夕有着浓郁的中国味，是中国式的情人节，但因为受2·14情人节的影响，鲜花和巧克力同样是七夕的热销品。此时，花店可以推出特色情人节的专卖花束品种，并根据不同的购买人群提供不同的组合服务。

3. 酒吧、卡拉OK、电影院火爆

七夕日，情侣们吃完饭，会理所当然地选择一处比较浪漫的地方坐一坐，喝一杯香茶或是咖啡。而最能为情侣们提供浪漫的地方，莫过于酒吧卡拉OK和大大小小的电影院。

4. 化妆品、首饰、小礼品及女装热销

七夕又被称为女儿节，是女孩子非常重视的一个节日，因此，在七夕，化妆品、首饰和各式女装也能成为节日的热销品。另外，适合情侣间相互赠送的小礼品也能让他们心甘情愿地大掏腰包。

七夕情人节促销2方案

方案1：爱在七夕，欢乐购物送大礼

- 促销主题：999人共同见证你的爱情宣言
- 促销时间：农历七月初七
- 促销目标：借助七夕情人节的娱乐活动和购物优惠活动，吸引客流，提升卖场的节日商品销售量
- 促销形式：满百送、游戏促销
- 促销对象：情侣、夫妻
- 促销商品：所有商品
- 促销内容：

促销POP

爱在七夕，欢乐购物送大礼

亲爱的顾客朋友：

在盛夏的葡萄架下，我们共同迎来了这个美好而温馨的节日——七夕情人节。为了与您共度节日的浪漫，我店特举办“将爱情进行到底——爱的宣言”游戏活动，让999人共同见证您爱的宣言，让您的“知心爱人”有机会聆听您的心声。活动规则如下：

1. 爱的宣言——在主持人的带领下，宣读“爱的宣言”，向自己心爱的人表白真情。

2. 真情互动——设计竞赛式游戏，游戏包括：

“二人走”：由三对情侣参加，分别将中间的手、脚绑在一起，能在最短时间内走完规定路程的一对获胜。

“二人手”：由三对情侣同时参加，男女双方各拿一根筷子，同时夹取乒乓球，在规定时间内，夹球数量最多者为获胜者。

“踩气球”：四人同时参加，将气球绑在参赛人员的脚上，谁的气球最后被踩完为获胜方。

获胜者中的男士各奖励红玫瑰一枝，并现场送给自己的伴侣，女士各奖励精美礼品一份。

3. 满百送玫瑰——凡当日在本店购物满100元的顾客，均可凭购物小票到服务台为您的“知心爱人”领取红玫瑰一枝。限量999朵，送完即止。

真情互动，欢乐无限！

赶快来为你的“知心爱人”赢取爱情的红玫瑰！

活动时间：农历七月初七

◉方案操作说明（供促销策划与执行人员参考）

此方案的操作重点是如何组织好“爱的宣言”这个游戏，无论是海报、促销DM，或者卖场门口的大型看板都要围绕这个游戏的内容来进行。因此，促

销执行人员需做好以下准备：

1．促销宣传

大型海报、促销DM以及卖场入口的大型看板、店内吊招，以温馨浪漫为主调，以牛郎织女鹊桥相会、玫瑰、葡萄架等为背景图案。促销DM的发放以超市门口、繁华商业街为主。

2．促销支持

游戏场地可设在店前广场，如果条件允许，可搭建一简易平台。平台上方悬挂大型主题横幅；四周以彩带、气球、玫瑰花束做装饰；背景音乐以浪漫温馨为主调，如果条件允许，可设一小型乐队现场配合。

3．促销礼品

红玫瑰1200枝，每枝0.3元，计360元（可与花店或花圃直接订购）；小礼品50份，每份控制在3元以内，计150元。

方案2：七夕情人节，精彩无限送大礼

- 促销主题：情浓七夕，精彩无限
- 促销时间：农历七月初七
- 促销目标：通过“情人节”这一主题，紧紧围绕“有情人”这一心理，展开商品促销和活动促销，以吸引客流，提高知名度，达到销售的目的
- 促销形式：购物送礼品
- 促销对象：所有顾客，以年轻情侣为主
- 促销商品：所有商品
- 促销内容：

促销 POP

七夕情人节，精彩无限送大礼

亲爱的顾客朋友：

又一个温馨浪漫的节日——七夕情人节来到了。为了与您共度这个美好的节日，本店特精选部分“情物礼品”，献给天下所有的有情人，同时，也把我们对您的真挚祝福送给您。这些商品包括：

食品类：巧克力、口香糖、奶糖、休闲小食、饮料等

百货类：塑胶鲜花、相册、饰物礼品、定情信物、金银首饰以及内衣、精品系列等

活动期间，以上商品全部7.7折优惠奉送。

同时，凡购物满38元的顾客，免费赠送国产朱古力花束一份（一颗装）；凡购物满68元的顾客，免费赠送进口朱古力花束一份（一颗装）。

真情互动，欢乐无限！××店真诚期待你的到来！

活动时间：农历七月初七

◉方案操作说明（供促销策划与执行人员参考）

七夕情人节虽然没有2·14情人节受人关注，但毕竟是有情人互赠礼品、互相表达爱慕之意的良好机会，因此，本方案的商品促销应以“情物礼品”为重点，做好相关商品的创意陈列和重点陈列，以保证节日商品达到最高销售。

• 费用预算：

1. 促销宣传DM、海报、POP以及氛围布置所需的气球、花束、彩带等共计1200元。

2. 购物所赠朱古力礼品：约300束，均价1.4元/束，共计成本420元。

七夕情人节促销经典2案例

案例1：千年之爱——TCL情话大奖赛

新世纪的第一个七夕情人节，TCL公司以“千年之爱”为主题，举办了

TCL情话大奖赛，拨动了武汉成千上万多情男女炙热的心弦，也为“七夕”这个有着浓郁中国风情的情人节添上更多的温馨情怀和浪漫色彩。

促销策划案

主办单位：TCL通讯设备股份有限公司武汉分公司

活动目的：策动“TCL”作为电话机品牌的注意力效应，培养其产品魅力，并提高在节日市场的销量

活动对象：所有购机顾客与广告受众

活动内容：

活动期间，凡购任何一款TCL电话机的顾客，或手持TCL电话机促销广告的市民，均可获得印有“TCL”标志的参赛申请表一份。

参赛者须以“千年之爱”为主题，向情侣（丈夫、妻子、男友、女友）或其值得敬爱（疼爱）的人倾诉心声，文体不限，一篇短文、一首短诗、一句爱的宣言均可。

参赛者须认真填写参赛申请表，随同参赛作品一起投入销售现场的作品收集箱，或寄给“TCL情话大奖赛评选委员会”参加比赛。

本次大奖赛共设五个等级的奖项：

特等奖1名，奖TCL“光年21”数字无绳电话1部；

一等奖1名，奖TCL“特灵通”手持移动电话1部；

二等奖2名，各奖TCL“神典型”来电显示无绳电话1部；

三等奖3名，各奖TCL“自信100”彩色寻呼机1部；

入围奖100名，各奖史诺比毛公仔（玩具狗）1个。

◉案例评析

TCL情话大奖赛的序幕一拉开，立即引起社会各界的强烈反响。《武汉晨报》、《武汉晚报》、《楚天都市报》都为TCL情话大奖赛做了深度报道和特别评论。

据统计，这次活动总计有26776件参赛作品，年龄最大的参赛者，男性76岁，女性63岁。年龄最小的是一位只有11岁的小姑娘，她给她心仪的男性偶像写道：“等我长大，让我嫁给你！”

特别点评

促销活动能够获得如此成效，除了举办方的精心准备和各大媒体的热情参与，更多的原因在于TCL抓住了“情感营销”这个有力武器，为新千年的“有情人”提供了一个倾诉与表达的机会。

让TCL电话机和情话一起，感动人心，是这次促销活动的目的所在。

TCL能够以情动人，以人类最微妙、最不可言传的情创造一个闪光点，让千千万万情感丰富的消费者借“机”言情，由此记住TCL电话机，更让每个TCL电话机的使用者每当拿起它时，就会从心底流淌出一种温暖的情愫。

案例2：做“金日”金伴侣，赢金日金典大奖

香港金日集团曾于七夕推出了“做金日金伴侣，赢金日金典大奖”活动，活动对象包括夫妻、情侣以及卡拉OK或交谊舞黄金搭档（限非专业人士）。而且商家把此次活动的地点设在金玉兰广场（户外露天），这就进一步扩大了活动的影响力。

在活动举办期间，“金日金伴侣谁夺冠中奖竞猜”也同时进行，使此次活动的参与者大大增加。

促销策划案

主办单位：香港金日集团

活动目的：把卡拉OK、交谊舞大赛和有奖竞猜结合在一起，尽可能地提高“金日”品牌的知名度

活动对象：上海地区的消费者

活动内容：

金日洋参公司所组织的此次活动的参赛者开始限定为夫妻，后又扩大至情侣或交谊舞搭档（限非专业人士），分设演唱组、拉丁舞组和摩登舞组，有这方面才能的人士即可报名参加比赛，赢得豪华游、婚纱照、情侣戒指、爱情故事影片LD等奖品。

另外，观众也可通过热线声讯电话预猜金奖得主，全部猜中者也可获得5000元豪华游大奖等其他奖项。

◉案例评析

本例主要是歌舞比赛，安排在户外举行（金玉兰广场），无形中吸引了不少过路人驻足观看，更能体现活动的本意。

特别点评

在本例中，由于采用了声讯电话，使得观众评选方式更为简便，免却了填写、寄信或投递的麻烦。的确，围绕声讯电话可以做很多文章来充分调动消费者积极参与，还可以进一步设置免费的声讯电话热线，这样会引来更多的参与者。

你问我答（相关知识链接）

赠品促销操作 8 点

在“顾客让渡价值”理论中，促销赠品实际上是对消费者一种额外的馈赠和优惠。因此，在选择促销赠品时应遵循“看得见，拿得到，用得好”的原则，而在其操作过程中，则应注意以下 8 大要点：

- **要点 1：先声夺人——广告信息准确发布**

广告宣传的策划，必须符合本次赠品促销的目标消费群体的地域、人口分布、购买习惯、购买地点、兴趣偏好等元素的特征。在实施赠品促销前，要有的放矢地把促销的地点、方式方法、促销由头、赠品推荐等消息发布出去。

- **要点 2：引人入胜——突出赠品的独特卖点**

送赠品的目的就是要通过赠品吸引消费者购买本企业的产品。但企业拿什么来吸引顾客呢？送钥匙扣就说送钥匙扣，送顾客使用产品的小册子就叫小册子，当然不行。因此，我们必须给所要赠送的赠品取一个响亮的“大号”——叫起来既要响亮还要朗朗上口，最重要的就是还得与产品的独特卖点挂钩。

- **要点3：理性为先——凸显促销赠品价值**

在通过赠品吸引顾客的促销策划中，商品本身为消费者提供的利益已经不再是唯一的诱惑点。在卖场的“广阔天地”里，同规格、同功效、品质相近的同类产品挤在一起时，消费者有很大的选择空间。此时此地，凸显你的赠品的价值非常必要。

- **要点4：情感助阵——适当炒作赠品价值**

在消费品的促销活动中，赠品的价值一般都不会太大，关键是看你如何炒作宣传。适当炒作赠品的价值，需要从赠品的使用利益与情感利益等方面入手，这与夸大价值不同。夸大价值就是直白地告诉你这件赠品价值多少钱，过分的夸大令人难以信任。

- **要点5：强化概念——赠品是附加值的体现**

在进行赠品促销时，应着重强调“免费”这两个字，让消费者能够产生“不但买得实惠，而且还有赠品送”的感觉。比如“购买本产品，您不但会得到实实在在的优惠，而且，为了感谢您的光顾，我们公司还将免费赠送××”。

- **要点6：借力打力——依靠外部现身说法**

在赠品促销活动中，仅仅依靠企业的促销执行人员宣传其赠品如何有价值是不够的，此时可以采用产品代言人或临时聘请的明星主持人等进行辅助宣传。

同时，为了增加消费者对产品和赠品的记忆度，在促销现场，需反复提及产品的功能利益、消费者利益和情感利益，并反复强调赠品与产品的内在关联性，以强化消费者记忆。

- **要点7：集中摆放——注重赠品陈列和展示**

对赠品与产品关联性的强调，除了通过现场的节目、游戏等方式操作外，赠品展示也是一个重要方法。比如，当赠品是一种用于盛装日用品的陈列架时，就要把所售卖的系列日化产品有序地陈列其上，并把这些陈列好的样品摆放或悬挂在醒目位置。

- **要点8：欲擒故纵——设置悬念造成紧张感**

在依靠赠品促销的活动中，可以通过告知消费者“本活动自今日起截至××月××日为止，赠品数量有限，时间有限”的方式，催促消费者实施购买。同时，在促销现场，赠品的陈列摆放也要少些。

赠品促销之经典案例评析

“赠品促销”指消费者在购买某一产品时，可得到一份赠送的产品或礼品。这一促销方式多用于吸引消费者购买新产品、弱势产品和老顾客的重复购买上，它必须符合两个基本特点：

- 消费者在购买时能够立即获得赠品。
- 所赠的品种具有很强的吸引力。

案例1：“太太”口服液，让女人更出色

● 内容：凡购买“太太”口服液一提的消费者，即可获赠放在产品包装内的高级化妆品一套。

● 点评：赠品放在产品包装里面不易流失，但漂亮的赠品不易被消费者准确感知，可设计一块透明包装以显出赠品。

案例2：“福临门”食用油加护手霜，好油好手烧好菜

● 内容：滋润为全家操劳一年的双手：活动期间购买福临门食用油1瓶，即可获赠东洋之花绵羊奶护手霜（40克）1支。

● 点评：产品陈列效果好，能够在众多竞争品类的货架上脱颖而出，但赠品容易被不良店主或批发商拆除，同时护手霜尚未在家庭主妇心中建立使用意识。

案例3：“蝶妆”岁末狂欢超值大赠送

● 内容：买蝶妆满200元，获赠韩国进口高级丝袜1对；满400元送蝶妆高级口红集锦1套；凭此广告还可到蝶妆专柜领取男性范蒙旅行装一套。

● 点评：此案例有一定的局限性，只适合专柜销售和本企业促销人员进行推广使用。

案例4：柯达千言万语，不如一张相片贺卡

● 内容：在柯达冲印店，柯达数码影像系统可以将你的照片输入电脑，配上合适的边框图案，花40元，为你定制“相片贺卡”，再花10元，可获35元精美艺术相框一个。

● 点评：开展付费赠品活动，赠品必须具有很强的吸引力；而案例中我们根本没有看到的35元艺术相框将是吸引消费者的一个很重要的因素。

案例5：红桃K给最爱的人，送最用心的礼

● 内容：在端午期间，买红桃K关怀装一提即可获赠500毫升特制绍兴黄酒一瓶，多买多送。

● 点评：此促销赠品可以一并送给使用者，实际上给“最爱的人”送的是两份礼品，但促销成本比较高。

第 16 章　中秋节促销

中秋节的由来与促销分析

农历八月十五，是我国传统的中秋节，也是仅次于春节的第二大传统节日。月圆之日，很多家庭都会在这天晚上全家团聚，赏月和吃月饼，有的地方还举行各种文艺活动，欢度佳节，故又称团圆节。

中秋节的由来

农历八月十五，中秋节，是我国的一个古老节日，因为八月十五这一天是在秋季的正中，所以称为中秋节。中秋节在人们的心中一直是一个最有人情味、最诗情画意的节日。

中秋节有着悠久的历史，和其他传统节日一样，也是慢慢发展形成的。

古代帝王有春天祭日、秋天祭月的礼制，后来贵族和文人学士也仿效起来，在中秋时节对着天上的一轮皓月，观赏祭拜，寄托情怀，这种习俗就这样传到民间，形成一个传统的活动。

到了唐代，这种祭月的风俗更为人们重视，《唐书·太宗记》就记载有“八月十五中秋节”。中秋节盛行于宋朝，至明清时，已与元旦齐名，成为我国的主要节日之一。

说起中秋的来源，民间一直流传着多个不同的传说和神话故事，其中最为人们熟悉的当然是“嫦娥奔月”和“朱元璋月饼起义”两个版本。

传说嫦娥偷了丈夫后羿的不死仙丹，于农历八月十五之夜飞上天去，在月筑室为宫，遂为月宫之神；后羿因思念妻子，每年的八月十五夜，望月设供，祈望妻子返回人间与自己和儿女团聚，并由此而衍生出后世民间祭月祈团圆的文化习俗。

中秋节和农历新年一样，是一个家人大团圆的节日。中秋之夜，月亮最圆、最亮，月色也最皎美。家家户户把瓜果、月饼等食物摆在院中的桌子上，一家人一面赏月一面吃月饼，正是“天上一轮才捧出，人间万姓仰头看”。

中秋节的传统食品是月饼，月饼是圆形的，象征团圆，反映了人们对家人团聚的美好愿望。中秋节吃月饼据说始于元代，当时，朱元璋领导汉族人民反抗元朝暴政，约定在八月十五日这一天起义，以互赠月饼的办法把字条夹在月饼中传递消息。

后来，朱元璋终于把元朝推翻，成为明朝的第一个皇帝，中秋节吃月饼的习俗也由此在民间流传开来。虽然其后满清人入主中原，但人们仍会在每年的八月十五庆祝这个象征推翻异族统治的节日。

中秋是阖家团聚的节日，也是走亲访友的佳期，因此，在金色的秋天，没有哪个商家愿意放弃中秋这一黄金时段，而推出异彩缤纷的促销活动则是赢得中秋大丰收的绝妙之计。那么，在中秋这样的佳期，商家该重点推出哪些商品呢？

◉中秋节促销推荐商品

1．中秋月饼

月饼永远是中秋市场的不凋玫瑰。在精心布置的月饼卖场，任何人都可以感受到浓郁的节日气氛。近几年，无糖月饼新开发了多种口味和包装款式，无糖火腿、肉松、豆沙等多种馅料的月饼一下成了抢手货。

2．中秋团圆宴

中秋节的传统就是与家人或朋友吃顿“团圆宴”。近几年，越来越多的人开始将这顿“团圆宴”由家庭的小聚餐搬向酒店、餐厅的大团圆。因此，餐厅酒店的中秋团圆宴是一道中秋必不可少的大餐。

3．礼品套装受青睐

中秋是团圆的节日，也是走亲访友的佳期，因此，中秋送礼是商家与消费者共同关注的话题。中秋送礼，茶叶、糖果、香烟、名酒和保健品是人们的首选，如果把这些礼品搭配成精美而有意义的礼品套装，一定会非常火爆。

4．发短信送祝福

节日期间，用手机短信传达自己的思念与祝福成为一种流行。的确，现代通讯工具让我们轻摁几下手机或者点击几下鼠标，就可以送出自己的祝福。与传统送月饼、礼盒等实物相比，手机、网络送礼没有了功利，给对方送去最温馨的祝福，送去快乐才是最重要。

5．游园观景赏明月

近几年，中秋之夜游园观景赏明月成为很多人欢度中秋的一种选择，同时，越来越多的公园、风景名胜地也会在中秋举行许多异彩纷呈的节目供市民参与游玩。此时，举办赏花灯、猜灯谜、看露天电影、参加篝火晚会等各具特色的游园活动一定收获颇丰。

团圆中秋节，促销2方案

方案1：欢乐中秋节，购物送大礼

- 促销主题：欢乐中秋节，购物送大礼
- 促销时间：八月十五前后半个月
- 促销目标：以中秋月饼的消费来带动整个卖场的销售，以卖场的整体形象激活月饼的销售
- 促销形式：买月饼送饮料、购物满××元送××礼品
- 促销对象：所有达到消费要求的顾客
- 促销内容：

促销POP

欢乐中秋节，购物送大礼

亲爱的顾客朋友：

中秋节快乐！为伴您渡过这个快乐而难忘的中秋佳节，我商厦特精选部分商品，作为送给广大顾客朋友的中秋节日礼品。活动细则如下：

1．买中秋月饼送×品牌饮料：

买90元以上中秋月饼送355毫升××饮料2听（价值3.6元）

买200元以上中秋月饼送1250毫升××饮料2瓶（价值9.2元）

买300元以上中秋月饼送2000毫升××饮料2瓶（价值13.6元）

2. 促销期间，凡在本店购物满300元者，均可获赠一盒精美月饼（价值20元/盒）

3. 9月9日~10日教师节期间，凡在本店购物与消费的教师，凭教师证可领取精美月饼或礼品一份（价值20元左右）

欢乐中秋，与您共享！

精美礼品等着您，赶快来吧！

活动时间：9月5日—9月20日

◉方案操作说明（供促销策划与执行人员参考）

1. 促销支持

● 购物指南：在9月1~20日的“购物指南”上，积极推出各种商品的优惠促销信息。

● 店内广播：店内广播从开始营业到打烊，每隔两小时播报一次相关促销信息的广播。

● 其他支持：保健品进行让利15%的特价销售；团购满3000元或购买月饼数量达20盒，可享受免费送货。

● 卖场布置：

场外	在免费寄包柜的上方，用万通板制作中秋宣传海报
	在防护架上，对墙柱进行包装，贴一些节日的彩页来造势
	在广场上，有可能的可悬挂气球，拉竖幅
	在入口处，挂“××店禧中秋”的横幅
场内	在主通道上，斜坡的墙上，用自贴纸、万通板等装饰来增强节日的气氛
	在月饼区，背景与两个柱上布“千禧月送好礼”的宣传
	月饼区的上空挂大红灯笼若干个
	整个卖场的上空，悬挂×品牌饮料公司提供的挂旗

2. 促销费用

共计人民币13万元	
广告宣传费：0.4万元	×品牌饮料系列赠品：6万元
月饼赠品费用：6万元	场内外布置费：0.6万元

3. 促销操作细则

- 购物指南由采购部负责拟出商品清单，市场部负责与×印刷厂联系制作。
- 场内广播的广播稿由市场部提供，共三份促销广播稿，每份均应提前两天交到广播室。
- 场内、外布置的具体设计由市场部、美工组负责，最终的布置由美工组完成。行政部做好采购协调工作；预定场内布置在8月18日完成。
- 采购部负责引进月饼厂家，每个厂家收取500元以上的促销费，同时负责制订月饼价格及市场调查计划，在8月10日前完成相关计划。
- 工程部安排人员负责对现场相关电源安排及灯光的安装，要求于8月10日前完成。
- 防损部负责卖场防损及防盗工作。
- 生鲜部负责自制精美月饼的制作。

4. 注意事项

若场外促销的布置与市容委在协调上有困难的，场外就仅选择在免费寄包柜的上方，用万通板制作中秋宣传；市场部应对整个活动严格跟踪，并对出现的任何异样及时进行纠正。

方案2：花好月圆人团圆，××送礼礼连礼

- 促销主题：花好月圆人团圆，××送礼礼连礼
- 促销时间：农历八月初十至八月十七
- 促销目标：以中秋月饼的消费来带动整个卖场的销售，以卖场的整体形象激活月饼的销售

- 促销形式：购物送礼券、拼字得大奖
- 促销对象：所有达到消费要求的顾客
- 促销内容：

促销 POP

欢乐中秋节，购物送大礼

亲爱的顾客朋友：

中秋节快乐！为伴您渡过这个快乐而难忘的中秋佳节，我商厦特精选部分商品，作为送给广大顾客朋友的中秋节日礼品。活动细则如下：

一重喜

一次性购物满30元，可获赠“中秋礼券”1张，单张小票最多限5张（此券限活动期间使用）。购买指定品牌的月饼礼盒时，此礼券可抵现金3元；购买指定的保健品和酒类时，可分别抵现金1、2、3元。

二重喜

如果您的中秋礼券右下角的文字能拼起“盛隆团圆奖”、“盛隆喜庆奖”、“团圆奖”、“喜庆奖”，祝贺您又中了我们的拼字奖。中奖条件和奖项设置如下：

1. 团圆奖（共100个）

集齐“团、圆、奖”3个字，奖价值200元的礼品（礼券、现金）。

2. 喜庆奖（共1000个）

集齐“喜、庆、奖”3个字，奖价值100元的礼品（礼券、现金）。

3. 盛隆奖（10000个）

集齐“盛、隆、奖”3个字，奖价值12元的礼品（礼券、现金）。

4. 欢乐奖

集齐“盛、隆、奖、团、圆、喜、庆”7个字中的任意一个，奖价值3元月饼小礼包一份。

欢乐中秋，与您共享！

精美礼品等着您，赶快来吧！

活动时间：9月5日—9月20日

◉方案操作说明（供促销策划与执行人员参考）

1. 卖场陈设

卖场内专设中秋礼品专卖区，按照月饼的品牌、保健品和酒的类别整齐陈列，指定专人负责礼品的促销，策划部负责中秋礼品区的装饰，要求在卖场内醒目，达到能吸引顾客的目的。

2. 商场布置

即中秋节的吊旗、门口的条幅或者中秋的宣传画（以中秋节的活动内容为主）在陈列区的布置。

3. 费用预算

条幅	10 米×6 元/条×26 条=1500 元
吊旗	2.5 元/张×1000 张=2500 元
礼券	0.1 元/张×10 万=1 万元

4. 操作注意点

- 中秋礼券在外地定做印刷，策划部负责印刷的设计与联系。
- 礼券由超市专人负责管理、登记，下班收回保管好。
- 礼券左联由收银员负责收取，并在超市入口处专门设立奖品兑换专柜。
- 吊旗、DM 快讯由策划部负责拍照、设计和排版，并联系印刷。
- 配送中心和门店组织商品。

中秋节促销经典案例

案例 1：雀巢咖啡，中秋送温馨

雀巢是世界知名品牌，其促销活动历来都不仅仅满足于销量的提升，而是希望通过具有创意性的促销活动整体地提升消费者对雀巢品牌的好感。中秋佳节，雀巢在济南某大型超市门前进行的一次促销活动堪称是其代表之作。

促销策划案

主办单位：雀巢公司济南分销处

活动目的：借助中秋佳节，增加产品销量，提升雀巢咖啡的品牌美誉度

活动对象：所有顾客

活动内容：

中秋节前夕，潇潇秋雨的一个周末下午，在济南的某一大型超市门前，雀巢咖啡正在举行“免费品尝”的促销活动。

促销小姐穿着鲜明、个性、统一的公司服装，面带微笑，热情地为每一位路过的客人递上一杯热咖啡；与此同时，另一边的电视正播放着公司简介和“味道好极了”的广告语。

超市卖场内，雀巢咖啡与中秋的主角——月饼争相辉映，形成了互补式营销，并暗示顾客：吃月饼的同时喝上一杯芳香的咖啡，那感觉一定非常好。

◉案例评析

这次促销活动和雀巢历来的促销活动一样，都是通过促销现场的氛围在无形地影响着顾客，无论顾客是否购买雀巢咖啡，从雀巢的活动区走过，都会对其产生良好的印象，这才是雀巢公司的最终目的。

“雀巢咖啡，中秋送温馨”的促销活动，有如下几点值得我们学习和借鉴：

1. 促销时间的选择

中秋前夕的周末，人们开始高度关注节日的到来，开始大量购物过节，此时搞促销，容易引起人们的关注。同时，咖啡和月饼可以形成互补，受促销活动影响，消费者买月饼时会顺便买咖啡。

2. 促销地点的选择

顾客在超市购物后一般都比较累比较渴，再加上秋后暮雨的凉意。此时热情的促销小姐送上一杯热咖啡，消费者必然心存感激，并从心里大大增加对雀巢咖啡的美好印象，这为以后的消费打好了基础。

3．促销对象的选择

这一大型卖场属于档次较高的超市，逛超市者绝大部分是年轻人和中年人，他们年轻并且有购买力，正是雀巢咖啡的目标消费者，在这里做促销针对性强、有效性高。

4．促销内容的设计

促销中，服装统一、热情礼貌、漂亮的促销员体现了雀巢公司的良好企业形象；“味道好极了”的广告语体现了对公司品牌形象的宣传。

5．促销方式的应用

在超市门口促销，体现了决战终端的促销策略，消费者可以近距离感受到雀巢咖啡所具有的品质和魅力；免费品尝则让不知道雀巢咖啡的人知道它，让潜在的消费者变成现实的消费者，让现在的消费者增加对雀巢咖啡的满意度和品牌忠诚度。

案例2：“老蔡”中秋礼送“夏士莲”洗发水

联合利华公司收购了“老蔡”品牌后，曾于中秋节期间，进行了一次典型的赠品促销活动——将其旗下的“夏士莲”洗发水作为推广“老蔡”酱油的赠品。这次促销活动既实用，又起到了品牌互助的效用。

促销策划案

主办单位：联合利华公司

活动目的：借助“夏士莲”洗发水的品牌效应，提升“老蔡”酱油的知名度

活动对象：所有上海地区的消费者

活动内容：

消费者在促销活动期间，在上海地区购买“老蔡”艳红酱油1袋，即可随袋获赠“夏士莲”去屑洗发水两袋（每袋5毫升），多购多得。赠品总量达300万袋。

◉案例评析

由于赠品是洗发水的试用装，当时正值“夏士莲”洗发水推广期，很显然，即使这试用装不作为酱油的赠品，也会通过其他途径免费让消费者试用。

而现在的结合，既促进了“老蔡”酱油的销量，提升了其知名度，又为新品的“夏士莲”洗发水提供了推广渠道，同时，这样的促销活动还不增加企业的额外预算，可谓一箭三雕。

当然，这种结合的机会并非任何企业都有，关键要看不同的企业如何去挖掘自身的优势，从而达到最佳组合了。

温馨提示

联合利华举办的这次促销活动，采用的是典型的包装上赠品的附送促销形式。

包装上赠品是指将所送礼品附在产品上或产品包装上，而非置于包装内部，比如用胶带将赠品与商品捆扎在一起，或者用透明塑胶胶片制成外盒，将产品与赠品放在一起等。

将赠品与产品捆扎（或包装）在一起销售，最大的优点是产品的陈列效果好。在竞争品牌众多的货架上，包装在一起的赠品常能引起消费者的注意。

但其缺点也很明显，捆扎在一起的赠品容易被不良零售商或批发商拆开销售。因此，企业在做好广告宣传外，还应在促销的产品包装上注明“附礼品馈赠”等字样，保证赠品能到达消费者手中。

你问我答（相关知识链接）

文化促销知多少

文化促销：就是指企业以各种文化为纽带，运用文化理念、文明与传统、道德与法制、文化产品与品牌效应等，营造销售气氛、进行商品营销的经营艺术。文化促销是吸引消费者购买的主要促销手段之一。

文化促销的实质，就是把深厚的人文底蕴和人文关怀融入到商业行为中，

把公众普遍接受的人文价值取向贯穿于商品买卖的全过程。文化促销能使消费者在消费行为中获得亲情、友情、爱情等方面的身心满足。

案例

笔传友谊情，谅解是真谛

有一套两次装的中性笔，一只上面印着“我的错，请原谅！”另一支上面印的“误会，一笔勾销”等，包装在一起。在包装上印刷有醒目的大字“友情天使”和小字说明：

“朋友之间出现了误会，不能因此就成为陌路人。如果有一个人先回头的话，他们就可以重归于好。那个先回头的人就是他们的友情天使，你愿意做友情天使吗?”

当朋友原谅了对方的错误的时候就会给对方其中的一支笔，以表示和好之意。

在文化促销这一方式中，文化是土壤，产品是种子，营销就好比是在土壤上播种、耕耘，培育出品牌这颗幼苗。营销过程在实物上的表现是以产品传递满足需要的过程，而在内层方面，则是一种文化价值的传递和达到满意的过程。

因此，无论是回归传统，把现代产品促销和上千年文化民俗相结合，演绎一场文化大餐，还是立足现有的产品定位，以科技改变生活、跟踪时尚节拍等促销由头，来抓住老百姓在节日期间的购买欲望，都是一种文化促销的表现。

现在商业气息非常浓厚，商家的手段也要尽可能地“文化”些。用“文化”触动人们头脑中的文化情结，往往能事半功倍，商机无限。

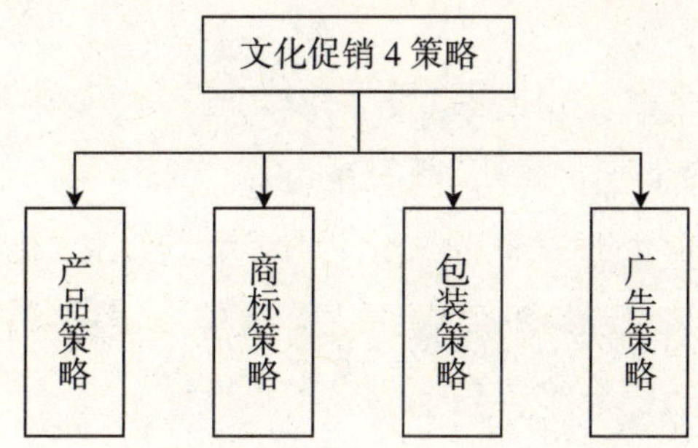

文化促销的四大策略

◉策略一：产品策略

文化促销的产品策略，指现代企业把象征人们特有的价值观、审美情趣、行为导向的文化内涵融入产品中，使产品成为文化的载体，以此满足消费者的心理需求、价值认同与社会识别等人文需要，从而从情感上触动消费者，导致购买行为的产生。

文化促销的产品策略的运用，其实质就是要求企业在开发新产品时，注重产品的文化品位和文化含量，突出产品的“附加价值”，以满足消费者的某种文化心理需求。

温馨提示

企业在设计产品的文化内涵时，应特别注意以下几点：

- 产品功能的适用性：在注重产品的实用功能和认知功能的同时，更要注重产品的审美功能，并通过产品的外在形式，唤起人们的审美感受，满足其审美需要。
- 产品材料的满足性：比如服装有全棉、亚麻、真丝等多种材料，这些材料吻合了人们崇尚自然、注意环保等文明观念和追求时尚品位的需求。
- 产品造型的独特性：一件造型别致、外观新颖、色彩和谐、名称极具内涵的产品可以迎合人们求新求美的心理，使消费者产生购买欲望，加深对这些产品的印象。

◉策略二：商标策略

文化促销的商标策略，即根据实际情况，将传统文化中的词汇、图形等恰到好处地移植到产品商标中，使经过文化设计的商标产生效益。文化商标是文化营销中的关键环节。

企业在进行文化商标的设计时，应着重注意以下几个问题：

- 商标与地域文化相关联：即企业在进行商标的文化设计时，要注意企业的地域特点。
- 商标和产品自身特点相联系：即商标的名称、图案与其消费群体相关联，商标的内涵与产品的性质特点相适应。
- 文化商标必须具有鲜明的形象化特征：比如商标名称必须易于注册且具有专用性，必须是家喻户晓且容易记住的词汇。

◉策略三：包装策略

文化包装的产品文化营销中非常重要的策略之一，从动态上讲，是指设计、生产容器或包扎物以表达某种价值观念的活动；从静态上，则指蕴含价值观念的容器或包扎物。

传统包装的主要作用在于保护商品和方便商品的运输、携带及储存。文化包装在原有功能的基础上，以文化为导向，更加注重其美化、标志和个性强化的作用。

温馨提示

企业在进行文化包装的设计时，应特别注意以下几点：

- 形象设计：包装的外部形状，在不同的背景下有着不同的文化意义，当这些匠心独具的包装推向市场时，消费者会与之产生共鸣，从而推动产品的销售。
- 图案构思：设计精致的图案表现出来的是文化价值的传播，并且这种传播是世界性的通用语言，因此，现代包装越来越重视图案的构思与设计。
- 颜色搭配：颜色的各种感应以及由此带来的各种联想，与包装的图案、形状等设计要素的有机结合，有利于丰富产品形象，突出产品和包装中的文化价值观念。
- 文字说明：文字说明是产品特性和产品形象最直接的描述方式，是图案、形状和色彩等形象因素的有力补充。

◉策略四：广告策略

广告在企业营销中的作用是不可低估的，它已成为现代企业促销的重要工具。因此，企业在进行广告的文化设计时，应注意以下两点：

● 要突出产品广告的艺术审美功能：广告在真实、具体地向人们介绍商品的同时，还要让人们通过对作品形象的欣赏，丰富自己的文化生活，在艺术的熏陶中自觉接受产品和记住品牌。

● 要体现民族文化的特征：在广告中融进本民族文化特定的价值观念和行为模式，极易唤起消费者的文化认同，从而导致其购买行为的发生。

第 17 章　教师节促销

教师节的由来与促销分析

每年的 9 月 10 日是中国的教师节。1985 年 9 月 10 日，新中国真正意义上的教师节诞生了，全国教师们迎来了自己的第一个节日。从此以后，每年的教师节成了人们生活中的一件大事，尊师重教成为一种美德。

教师节的由来

教师节是我国仅有的包括护士节、记者节在内的 3 个行业性节日。自 1931 年以来，我国在不同历史时期共有过 4 种不同日期和性质的教师节。

“六 · 六”教师节——1931 年，教育界知名教授邰爽秋、程其保等联络京、沪教育界人士，拟订每年的 6 月 6 日为教师节，并发表了《教师节宣言》，提出改善教师待遇、保障教师工作、增进教师修养等目标。这个教师节没有被国民党政府承认，但在全国各地产生了一定的影响。

“八 · 二七”教师节——国民党政府 1939 年决定立孔子诞辰日 8 月 27 日为教师节，并颁发了《教师节纪念暂行办法》，但当时未能在全国推行。

“五 · 一”教师节——1951 年，中华人民共和国教育部宣布废除 6 月 6 日的教师节，改用“五一”国际劳动节为教师节。但因劳动节是全国性的节日，活动内容很多，而教师节没有单独的活动，没有特点，实际上几乎等于不存在。

"九·十"教师节——1984年12月，北师大教授钟敬文、启功、王梓坤、陶大镛、朱智贤、黄济、赵擎寰等联名提议设立教师节。为了发扬"尊师重教"的优良传统，提高教师地位，1985年1月21日，第六届全国人大常委会第九次会议确定，每年的9月10日为中国教师节。

教师节定于公历9月10日，是考虑到此时全国大、中、小学的新学年开始，学校要有新的气象。新生入学伊始，即开始尊师重教活动，可以给教师教好、学生学好创造良好的气氛。

世界上许多国家均有"教师节"，如前苏联法定每年10月的第一个星期日为"教师节"，德意志民主共和国、印度、委内瑞拉分别确定每年的6月12日、9月5日、1月15日为"教师节"。

商家素有"金九银十"之说，9月是商家促销的黄金季节，秋季商品也在这个时候开始全面上市。月初的教师节无疑给了商家一个极好的促销宣传点。因此，"九·十"促销并不只是针对教师这一特定群体，而是以教师节为契机，为秋季季节性商品的陆续登场鸣锣开道。

◉教师节促销推荐商品

金秋九月，温情四溢，伴随瑟瑟秋风，一年一度的教师节如期而至，精明的商家又可以借机发起新一轮的促销战。那么，在这黄金九月，什么样的商品是此时的热销品呢？

1. 精品花卉

教师节前后，学校周边的小精品店、花店必定生意红火，小饰品、小摆设、精美的茶具以及教师节贺卡都是此时的抢手货，康乃馨、百合等花卉不但好销，价格也比平时见涨。

2. 化妆品、 保健品

教师节期间，很多家长或朋友会选择化妆品作为教师节礼物送给女教师们，保健类用品则多数是送给学校部门负责人的。因此，化妆品和保健品也是教师节的热销商品。

3. 秋季服装

为庆祝教师节，学校都会给教师发一笔奖金。此时，针对教师搞一些秋装促销活动，如教师购物优惠、教师节当日向部分教师免费赠送礼品等，会收到一定的效果。

4. 金秋促销大练兵

九月伊始，秋季商品迅速上市，通过月初教师节的商品促销，可以为以后的羊绒节、中秋食品节、珠宝节、秋季用品展打下一个良好的基础。因此，在教师节推出面向所有消费者的促销活动，可以借势推动秋季商品的销售。

情动教师节促销2方案

方案1：尊师重教，购物娱乐一起来

- 促销主题：教师节谢师感恩送大礼
- 促销时间：9月8日—9月10日
- 促销目标：借教师节尊师重教的活动主题，锁定教师这个特殊群体，提高卖场的亲和力和社会美誉度
- 促销形式：礼品赠送、征文比赛和有奖问答
- 促销对象：教师、学生和参与有奖问答的顾客
- 促销内容：

促销POP

尊师重教，购物娱乐一起来

亲爱的教师、学生和顾客朋友们：

教师是人类灵魂的工程师，是太阳底下从事最神圣职业的人。在教师节到来之际，本店特举办“谢师感恩送大礼”活动。此次活动共分为三大部分：

1. 赠送活动：　针对各大中小学的教师

9月10日教师节当日，教师们凭教师证到××购物广场服务台可领取教师节精美礼品一份，每张教师证限领一份。

2. 征文比赛：　针对各中小学以及幼儿园的学生

讲述自己与教师之间一件感人的事，事件要真实动人，体现自己对教师的感恩之情。作文统一交到服务台。本广场将在9月3～7日请专业人士进行评选。

奖项设置为：一等奖1名，奖品牌复读机1台；二等奖3名，奖收音机1台；三等奖5名，奖学习用具1套；鼓励奖10名，奖精美笔盒1个；所有参与者各奖圆珠笔1支。

3. 有奖问答：9月10日到本店的顾客

教师节当日，为配合征文颁奖活动，在××广场将进行有奖问答活动，凡参与活动的顾客均可获得精美礼品一份。

活动时间：9月10日

◉方案操作说明（供促销策划与执行人员参考）

尊师重教是中华民族的传统美德，在教师节推出谢师感恩的促销活动，不但可以提升卖场在消费者心中的地位，也能使广大教师感受到卖场尊师重教的情意，从而锁定教师这一特殊消费群体。

活动配合要点：

1. 营运部经理负责协调各个科的工作。
2. 市场部负责做好宣传及相关的作文评选组织工作。
3. 服务台负责赠品的派送、登记及参赛作文的接收。
4. 工程科负责场外活动时的道具，包括一个简易颁奖台、悬挂的条幅，所需配备的音响及选择一个主持人来主持10号的活动。
5. 防损科负责场外活动时场外秩序的维持。
6. 采购部负责各奖品的供应商赞助谈判。

方案2：教师节公益义捐拍卖会

- 促销主题：“因为奉献，所以快乐”——教师节公益义捐拍卖会
- 活动时间：9月1～10日
- 促销目标：利用教师节的公益活动，穿插商场的促销活动，塑造和提高本商场的品牌形象
- 促销形式：公益义捐拍卖会
- 促销对象：所有愿意参加活动的顾客
- 促销内容：

促销 POP

因为奉献，所以快乐

——教师节公益义捐拍卖会

亲爱的顾客朋友：

尊师重教是我们民族的优良传统，无数的人民教师也在兢兢业业的从事着天下最伟大的工作。但你是否知道，在一些贫困山区，仍有很多为教育事业奉献了一生却贫困潦倒的教师们！

为了帮助这些伟大的教师渡过一个愉快的教师节，我店特与有关部门合作组织了这次“教师节公益义捐拍卖会”。

无论是您本人手工制作、编织的饰物，还是您书写、描绘的艺术书画，甚至是您珍藏已久的工艺品……只要愿意，都可以把它义捐到××商场。

我们将把所有工艺作品于 9 月 5～8 日在商场内集中陈列展示，并于 9 月 10 日下午举行“因为奉献，所以快乐”公益义捐拍卖会，所有拍卖所得将由商场通过有关部门送给贫困山区的教师们。

同时，拍卖金额最高的前 3 名，将被评为“公益慈善爱心大使”，颁发荣誉证书，同时每位义捐的顾客均可得到由本店店长签字的纪念书签一张。

因为奉献，所以快乐。请让我们一起用真诚去服务顾客，用爱心去编织温暖，用行动去奉献爱心……

活动时间：9 月 1 日—9 月 10 日

◉方案操作说明（供促销策划与执行人员参考）

1. 活动支持

- DM 海报派发：2 万外派（第一、二商圈）；卖场入口处粘贴大型 POP、大条幅，以配合店内的气氛 POP；在大门口或明显促销区域做相关产品的堆头陈列。
- 按策划方案做好促销营运工作，按气氛布置样图制作和布置商场，做好促销活动前的赠品、礼品准备。
- 保证赞助赠品和促销商品货源到位，店内员工熟悉活动的整体内容及操作方法。

2. 操作细则

● 本商场将义捐出销售总价2000元的家用电器、日用品等（不少于5件），保证义卖底价为1000元以上（义卖最高金额评选不包括商场义捐的商品）。

● 服务中心、防损部和企划部负责收集顾客捐赠的工艺品，并进行编号、保存和登记（包括工艺品主题、规格、来历、顾客意愿拍卖的价格和顾客的基本资料，如姓名、身份证号和联系方式等），认真填好捐赠登记清单，并须顾客签字和防损值班人员签字确认。

● 企划部需做好活动信息的传播工作，包括POP和拍卖现场的布置、陈列和拍卖工作；同时还需做好工艺品的陈列展示工作（包括放置工艺品资料）。

● 企划部、防损部、财务部、收银部需做好义卖金额的统计和上报工作；防损部需严格监督义捐拍卖过程。

● 企划部、财务部须认真填写"××商场教师节工艺品义捐拍卖清单"，并由企划经理、店财务经理和防损人员、店长签字确认。

● 活动结束后3天内，"××商场教师节工艺品义捐拍卖清单"统一由总部的财务部转给相关机构。

教师节促销经典2案例

案例1："脑轻松"，我为老师打电话

在教师节即将到来之际，康富来保健品有限公司适时推出"我为老师打电话，莘莘学子轻松献上真情"活动，通过把企业的营销行为同"尊师"这一永恒的主题相结合，使这次活动颇具人情味。

促销策划案

主办单位：康富来保健品有限公司

活动目的：利用教师节到来之际，“组织”学生问候教师并将自己的产品作为学生献给教师的礼物。同时搜集信息反馈，为企业的市场营销活动服务。

活动对象：上海市的学生

活动内容：

在活动指定的一段时期内，周一至周四 18:00 至 20:00，周五 12:00 至 20:00，拨打活动所设的“尊师热线”电话，打通者即可获得“脑轻松”保健品赠品一盒。

将这份赠品送给自己最尊敬的教师后，并将教师服用的效果记录下来寄回指定地点，即可参加抽奖，赢取一、二、三等奖（各 1 名），奖金分别是人民币 1000 元、800 元和 500 元（税金代扣），同时从中抽取“参与奖”100 名，奖品为“脑轻松”保健品一盒。

◉案例评析

促销活动要达到效果，所设计的参与对象就必须要有针对性，并针对这群目标对象进行有效沟通。在本例中，采用赠品加抽奖的促销方式，并冠以莘莘学子献以真情的主题，就比较明确地针对了目标消费者。

特别点评

本例的活动设计没有任何购物要求，似乎纯粹是为了有针对性地作一个消费者对产品感受的反馈调查。不过，企业如能在活动结束以后，更进一步有效地利用这些教师的资料开展个性化营销，将更具长远的意义。

当然，如果活动的组织者真有这种意向，那么在回馈卡上就得事先加以说明，否则其效果将是有限的。

案例 2：新学期上学，“智强”为我免学费

在新学期伊始的教师节，四川智强食品集团有限公司推出了一项“智强为我免学费”的公益促销活动，巧妙地把有奖促销与“助学”活动结合起来，作

为送给教师节的贺礼，赢得了广大教师、家长和学生的欢迎，可谓名利双收。

促销策划案

主办单位：四川智强食品集团有限公司

活动目的：通过把有奖促销以助学金的形式表现出来，既扩大了产品的销售量，又达到了公关的目的

活动对象：新学期开学的学生

活动内容：

只需收集“智强”核桃粉产品包装袋上的“智强”注册商标及条形码，并填好“智强助学大行动”抽奖表，寄到指定地点，即可参加抽奖。

活动设特等奖2名，奖励现金5000元；一等奖20名，报销本学期1000元以内的学费；二等奖60名，报销本学期500元以内的学费。

中奖者只需持户口簿到指定地点，凭所在学校本学期学费收据即可报销学费。若学费收据不足奖项规定金额，用现金补足。

◉案例评析

促销活动在新学期的教师节举行，并以“免学费”作为促销主题，使平常的奖金富含了新的意义：对学生用奖金交学费这一需求给予满足，不仅获得了社会的认可，也为品牌树立了良好的形象。

特别点评

其实，不少消费目标对象是少年儿童的食品和用品都可以受此案例的启发，当然不一定非要都挤到“免学费”这一条道上，但围绕助学或教师节可做的“文章”还是很多的。

你问我答（相关知识链接）

公益赞助促销之优缺点分析

公益赞助促销是公关赞助促销策略的一种，即通过赞助某一公益性的社会活动，并围绕这一活动开展的一系列营销、促销宣传。公益活动体现了企业关心社会、关心人类、回报社会的经营理念，企业通过赞助来提升品牌亲和力，

塑造了良好的品牌形象。

国内饮用水的知名品牌农夫山泉就很好地运用了公益赞助这一营销策略。“2000年的奥运唯一饮用水、2001年的申奥装、2002年的阳光工程”，借此农夫山泉赢得了今天的市场地位。

“公益赞助”这种促销形式的优点主要表现在以下三个方面：

- **有助于树立品牌形象，提升品牌知名度**

“公关赞助”项目本身就具有一定的公众关注度，是政府予以支持、公众普遍关心的事项。企业参与其中并予以资助，自然能够借助光环效应来提升自我形象。

- **有利于企业与政府或社会团体建立更密切的关系**

企业对社会活动的赞助，将极大地有利于企业被社会认可，创造有利于企业生存的社会环境，而这是通过纯粹商业性行为所不可能达到的。

- **有利于产品销售**

万众瞩目的热点能制造出许多商业机会，企业借此开展的刺激产品销售的行为较易被消费者接受，而赞助活动特有的热烈气氛能激发消费者的消费意识与选择偏好。

因此，企业不仅借助赞助项目树立品牌形象，而且将赞助活动与销售相结合，将赞助活动开展得更为丰富多彩、更为声势庞大，使企业能在较长的一段时间内名利双收。

当然，公益赞助式促销也存在以下三个不可避免的缺点：

- **需要特定机会才能开展**

由于赞助活动需与其他组织协调共同进行，因此有一定的时机性，如体育比赛或某一项公益活动的赞助，并不能只根据企业所希望的时机来开展，而需要企业能及时抓住机会，甚至设法调动社会力量，制造机会。

● 赞助活动对活动组织者要求更高

由于赞助活动规模较大，涉及的营销工具与宣传手段丰富，往往不是企业能单独承担的。它要求活动组织人员更全面更专业的实际经验与统筹组织能力，更需要能获得各组织机构的支持与协力，才能优势互补，使赞助活动得到最佳的社会效应。

● 费用投资较高

仅赞助费通常就是一笔不小的投资，而要使赞助项目真正发挥效用，更需要企业投入资金开展系列推广宣传促销活动。所以，企业往往应预先计划下一年度的赞助活动预算，投入相当的营销费用，才能使活动整合而连续地进行。

公益赞助促销运作四部曲

公益赞助式促销是一项综合的营销活动，必须有周密的运作计划，并遵循一定的运作步骤：

步骤一：市场调查

主要是了解企业或品牌在公众心目中的形象，倾听公众对企业的意见，确认企业存在差距与不足的根本原因，为制定或寻找合适的赞助项目提供信息依据。

步骤二：制定方案

这是难度最大，也是最为关键的一步，包括：

● 确定目标

企业必须明确通过赞助活动要达到的目标，比如企业或品牌的知名度达到多少，美誉度提升多少，消费者对企业的态度改变多少，引来多少消费者的购买及重复购买。

● 选择方案

根据与目标对象的可接触性、可接受性以及对赞助活动的弥补性来选择活动方案。

● 制订计划

主要考虑企业的费用承受能力，自身的人力资源，以及对时间进度的控制。

步骤三：执行实施

- **统筹全局**

因为赞助活动所包含项目的多样化和多向性，避免在实施过程中出现过分重视某一项目而忽略整体目标的现象。

- **掌握进度**

在活动进展中，随时注意在人力、物力、财力等方面的协调，避免出现工作脱节，保证各方面工作按计划平衡发展。

- **调整计划**

根据活动的进展情况，随时检验和调整计划。

步骤四：效果评估

检查原定的活动目标是否达到，活动所用费用、人员、时间是否与原计划的预算基本相符，以及传播媒介在此次活动中的影响。

第 18 章　国庆节促销

国庆节的由来与促销分析

“国庆”一词，本指国家喜庆之事，最早见于西晋。西晋的文学家陆机在《五等诸侯论》一文中就曾有“国庆独飨其利，主忧莫与其害”的记载。

我国封建时代国家喜庆的大事，莫过于帝王的登基、诞辰（清朝称皇帝的生日为万岁节）等。因而我国古代把皇帝即位、诞辰称为“国庆”。今天称国家建立的纪念日为国庆，比如 10 月 1 日是我们伟大的祖国——中华人民共和国的国庆日。

国庆节的由来

10 月 1 日是我们伟大祖国的国庆节，但为什么把这一天定为国庆节呢？

中国人民经过一百多年的英勇奋战，在中国共产党的领导下，前赴后继，取得了人民革命的伟大胜利。1949 年 10 月 1 日，北京 30 万人在天安门广场举行隆重典礼，庆祝中华人民共和国中央人民政府成立。

在隆隆的礼炮声中，中央人民政府主席毛泽东庄严宣告中华人民共和国、中央人民政府成立，并亲手升起了第一面五星红旗，这是中国历史上一个最伟大的转变。1949 年 10 月 1 日从此成为新中国成立的纪念日。

但这里应该说明一点：1949 年 10 月 1 日在天安门广场举行的典礼，是中华人民共和国中央人民政府的成立盛典，而不是开国大典。

实际上，中华人民共和国的“开国”，也就是说中华人民共和国的成立，早在当年10月1日之前已经宣布了。当时也不叫“开国大典”，而是称作“开国盛典”，时间是1949年9月21日。这一天，中国人民政治协商会议筹备会主任毛泽东在政协第一届会议上所致的开幕词中就已经宣告了新中国的诞生。

那么10月1日的国庆又是怎么回事呢？

在中国人民政治协商会议第一届全国委员会第一次会议上，鲁迅的夫人许广平发言说：“马叙伦委员请假不能来，他托我来说，中华人民共和国的成立，应有国庆日，所以希望本会决定把10月1日定为国庆日。”毛泽东说：“我们应作一提议，向政府建议，由政府决定。”

1949年10月2日，中央人民政府通过《关于中华人民共和国国庆日的决议》，规定每年的10月1日为国庆日，并以这一天作为宣告中华人民共和国成立的日子。

从此，每年的10月1日就成为全国各族人民隆重欢庆的节日了。

说国庆假日是黄金周，对商场来说是最贴切的。有些商场这一周的营业额，比平时一个月还多。所以商家们都不会放过黄金周，很多商家费尽心思来备战黄金周。当然，很多消费者也习惯了在节假日购买自己所需的产品。

◉国庆节促销推荐商品

国庆的七天长假将再次掀起消费热浪，假日经济效应也让商家使出浑身解数，出台招式各异的促销方案来吸引消费者的眼球，诱导购买。那么，哪些商品更适合在国庆期间做促销呢？

1. 新婚、婚庆用品

很多人都选择在国庆期间举行婚礼，因此新婚居家用品可以通过举办世纪婚纱动态秀、赠送结婚咨询手册等活动，做主题式推介，如彩妆、黄金珠宝饰品、新婚内衣、新婚送礼礼盒、寝具、锅具、家具、餐具、大小家电等。

2. 秋季服装、化妆品

国庆伴着飒爽秋风迎来了又一个秋天，经典秋装全新登场，化妆品的秋冬组合系列也成为人们的必备品，很多人会借助这个长假为自己的秋天添置新衣和一些必备的护肤品。

3. 家居用品

秋季装修旺季开始装修的工程大多已接近尾声，购买地板、厨具、家具等正当时；而刚刚开始装修的家庭，也会趁着国庆打折促销提前订货，因此此时也是家具用品的销售旺季。

4. 大型家用电器

国庆黄金周期间，耐用消费品如彩电、电冰箱、空调、手机以及各种小家电如微波炉等，是各个商家促销优惠的重头戏，消费者一般会趁机选购相关产品。

国庆节促销2方案

方案1：十一黄金周，三重大礼等你来

- 促销主题：十一黄金周，三重大礼等你来
- 促销时间：9月28日—10月7日
- 促销目标：借助十一黄金周的消费热潮和相关的促销活动，提升店铺来客量，推动卖场节日商品的销售量
- 促销形式：购物送礼品，转盘抽奖
- 促销对象：所有顾客
- 促销商品：所有商品
- 促销内容：

促销POP

十一黄金周，三重大礼等你来

亲爱的顾客朋友：

金秋十月，七天的黄金长假，您有什么活动和安排呢？我店为迎接这一全民性的盛大节日，特在“国庆”期间举办“购物开心送”活动，三重大礼等你来拿。活动细则如下：

一重礼：节日开心送。

当日单张购物小票满88元，即赠500毫升鲜橙汁一瓶（限送500瓶，送完即止）。

当日单张购物小票满188元，即赠1.25升鲜橙汁一瓶（限当日前100名顾客）。

当日单张购物小票满288元，即赠2.5升鲜橙汁一瓶（限当日前100名顾客）。

当日单张购物小票满388元，即赠8寸鲜奶蛋糕一个（限当日前50名顾客）。

备注：（只限单张购物小票，不得累计，大宗团购及支票结账除外）。

二重礼：生日快乐送。

凡10月1日出生的顾客，在本店消费满30元，即可凭身份证（出生证）和购物小票到服务台领取8寸鲜奶生日蛋糕一个。

三重礼：幸运飞镖盘。

活动期间，在本店购物满100元的顾客，即可参加幸运飞镖盘抽奖。每满100元，可投1支；满200元可投2支，满300可投3支，依次类推，以最高折扣为准，享受超级购物优惠。

活动时间：9月28日—10月10日

◉方案操作说明（供促销策划与执行人员参考）

1. 礼品准备

• 500毫升鲜橙汁：每日限送500瓶，共计5000瓶，另需多准备100瓶；

• 25升、2.5升鲜橙汁：各规格每日限送100瓶，共计1000 + 1000瓶，另需多准备20瓶（可与厂家合作促销，以特别陈列和主题宣传为交换条件）。

• 8寸鲜奶蛋糕：每日限送50个，共计500个，另需准备生日蛋糕30个（可在卖场蛋糕专卖柜台现场制作）。

2. 飞镖转盘设置

● 飞镖转盘可设在卖场出口处的开阔地带，由专人负责验收购物小票和登记中奖情况，并维持抽奖秩序。

● 飞镖盘的区域划分：设空、9.5 折、9 折、8.8 折、8.5 折、8 折、7.5 折、7 折封顶 8 个区域，各区域大小可现场测试后确定，原则上从大到小类推。

方案 2：黄金周送健康，食品新品特卖会

● 促销主题：黄金周送健康，食品新品特卖会

● 促销时间：9 月 25 日—10 月 10 日

● 促销目标：借助十一黄金周的消费热潮，推广公司的优良商品和 GMP 产品，从而提高产品节日的销售量

● 促销形式：现场品尝、赠送礼品和摸彩抽奖相结合

● 促销对象：所有来店顾客

● 促销商品：指定商品

● 促销内容：

促销 POP

黄金周送健康，食品新品展销会

亲爱的顾客朋友：

我公司为丰富广大顾客的节日饮食生活，特于十一黄金周期间，举办大型健康食品、新品特卖会。展售期间，将有百余种绿色健康的品牌食品以超低价格销售，同时还有现场免费品尝、购物送礼、摸彩抽奖等活动。

展销会期间，您只要光顾本店，即可免费获得 × × 冰棒 1 支（每人限 1 支）。同时，在展示现场消费的顾客，即有机会获赠超值礼品并参加抽奖活动。

1. 消费满 150 ~ 299 元者，即可获赠 × × 1500CC 矿泉水 1 瓶及摸彩券 1 张。

2. 消费满 300 ~ 699 元者，即可获赠××色拉油 1 罐（2 公斤）及摸彩券 2 张。

3. 消费满 700 元以上者，送××肉松礼盒 1 个及摸彩券 4 张。

奖品多多，礼品多多，赶快来吧！

活动时间：9 月 28 日—10 月 10 日

◉方案操作说明（供促销策划与执行人员参考）

1. 广告宣传配合

包括报纸夹页、报纸、DM、广播、摸彩券等。

2. 装饰布置配合

展示场规划布置、大海报、悬垂、POP、路灯旗、布旗。

3. 礼品赠送、摸彩活动配合

冰棒、矿泉水、色拉油、肉松礼盒若干份（根据现场具体情况而定，由赞助商提供）。

国庆节促销经典 2 案例

案例 1："摩托罗拉" CD928 淘金记

摩托罗拉公司曾为其旗下的品牌"摩托罗拉 CD928"举行了一次名为"淘金记，弃小赢大"的有奖促销活动。这次活动采取"赠品"与"抽奖"两者择其一的模式，并将两种选择分别命名为"上计"和"上上计"，暗示消费者选择后者。

促销策划案

主办单位：摩托罗拉（中国）有限公司

活动目的：给消费者以实惠，吸引他们购买产品

活动对象：购买"摩托罗拉 CD928"手机的消费者

活动内容：

购买“摩托罗拉”CD928香槟金色手机，要想“金”上添“金”，赢得各类奖品，自有上计，更有上上计，就看你有没有弃小搏大的淘“金”妙计：

1. 上计：买1台“摩托罗拉”CD928香槟金色手机，赠香槟酒1瓶。

2. 上上计：弃小搏大，放弃赠品，参加“香槟酒”刮刮卡抽奖活动，试一下手气，搏一回大奖，才是淘“金”上上计。

本次活动设有四个等级的奖项，分别为：

一等奖2名，各奖价值3700元的香槟金色DVD一台；

二等奖20名，各奖价值1300元的香槟金色电动剃须刀一只；

三等奖200名，各奖价值330元的香槟金色袖珍调频收音机一台；

四等奖2000名，各奖价值120元的香槟金色照相机一台。

◉案例评析

这是非常典型的“赠品”与“抽奖”两者选一的模式，让消费者在“上计”与“上上计”中做一种选择，这种心理暗示的手法，有可能使消费者产生“当然应该参加抽奖”的潜意识。

特别点评

摩托罗拉公司的这次促销活动，整体设计紧紧围绕新产品的特点——“金”而展开，包括各种奖品也采用与产品相同的金色，使奖品显得精美华贵，也衬托了产品的形象。

但是，这种“赠品”与“刮刮卡”二选一的做法，必须在确定能得到零售商的完全支持与协助的条件下才能开展。有可能“手机”有相应的品牌专卖店，能为这类活动的开展提供条件，而许多日用消费品受制于售点的实际情况，未必适用此种活动方式。

案例2：吃“达能”饼干，有滋有味赢大奖

十一期间，达能食品集团曾在上海地区推出了“有滋有味赢大奖”的促销活动，有奖促销活动采取刮刮卡中奖和幸运抽奖相结合的方式。幸运抽奖的奖金力度很大，并且采取每周抽奖的方式提高中奖机会，而刮卡中奖也是丰富多彩。

促销策划案

主办单位：达能食品集团

活动目的：通过连环中奖加高额奖金刺激消费者的购买欲望，达到促进“达能”饼干销售和回馈消费者的双赢目的

活动对象：上海地区的消费者

活动内容：

在促销期间，消费者购买印有“有滋有味赢大奖”外包装的“达能”系列饼干，可得刮刮卡1张，按卡上标志得奖：

如印有“一等奖”即当场可得潮流背包；“二等奖”为圈圈手表；“三等奖”为精美钱包；“四等奖”为真皮零钱夹。

若刮卡上为“多谢”两字，可随同个人资料寄往指定地点参加每周一次的连环15轮抽奖活动，奖品有现金5000元，或21英寸彩电。每周送出现金奖8名，彩电奖18名，共计390名。

◉案例评析

在本例中，很明显的一个事实是：“达能”集团的促销成本较高，其中包括刮刮卡的成本，还有发放刮刮卡的人员的管理费用。而且，举办多重连环抽奖活动的企业，在活动期间都要追加媒体广告的投放。

特别点评

商品广告加上令人心动的“抽奖活动”，能很好地提升消费者对商品的关注和了解。因为，媒体广告的介入，不但能不断提醒消费者赶快参加活动，而且刊登出来的众多获奖名单也能起到刺激和可信的作用。

不过，为配合每轮开奖结果的宣传，不仅要公布阶段性活动获奖名单，还要告知消费者活动的参与情况及进展状况，这样做投入的资金可不是个小数目。因此，企业在进行此类促销活动时，必须做好预算。

你问我答（相关知识链接）

特卖促销的分类与操作要素

商品特卖指零售店将特定数量的商品，于特定的卖场，在特定的期限内，以特别低廉的价格，向消费者出卖的行为，比如举办商品特卖会、展售会等。当然，这种特卖的期间和数量未必特定，但商品或卖场必须特定。

1. 企业或卖场举办商品特卖的原因

- 借特卖活动回馈顾客、招徕顾客，刺激其购买一般商品。
- 为唤起顾客对新发售商品的需要，并增加后续的销售量而进行的商品特卖。
- 为处理破损、污损、零头（非齐全）品、过时、滞销等商品开展的特卖。
- 零售店、批发商和生产厂商等为活用资金或加速资金回收而举办的特卖。

2. 商品特卖的种类

- 商品品质——正常商品的特卖，特殊商品的特卖。
- 商品品种——某一种商品的特卖，多种商品同时特卖。
- 商品成本——卖价折扣、进货原价折扣、生产原价折扣。
- 顾客阶层——大众便利品特卖，高级精品特卖。
- 进货方式——新进商品特卖，生产厂家直送商品特卖。
- 销售方式——自助式卖场特卖，大饭店等高雅气氛的场地特卖。

3. 特卖促销应注意的事项

- 特卖名称——其名称要与特卖目的、减价原因、特卖品种类及顾客对象相关联，并有助于提高企业形象。
- 特卖期间——要根据销售情况、同业动向、顾客忙闲等决定特卖期间的长短。
- 场地选择——要选择适合商品品质、数量和顾客对象的场地，并采用能够诱导顾客购买的方法。
- 销售对象——属于何种特卖，目标消费群是哪些人，必须明确。
- 特卖折扣率——根据可能达成的营业额和商品利润作比较后再定。
- 特卖商品准备量——根据可能达成的营业额，特卖期间的长短以及现场人员的多少和储存设施等决定。
- 特卖流程——制作促销业务一览表及进行日程表→决定广告预算→选择广告媒体→广告设计制作→决定赠品的有无→场地装饰及标示牌制作→特卖效果测定。

第19章　重阳节促销

重阳节的由来与促销分析

十一黄金周后，商家又迎来了另一个节日商机——重阳节。九九重阳，因为与“久久”同音，九在数字中又是最大数，有长久长寿的含意，况且秋季也是一年收获的黄金季节，因此，重阳佳节，寓意深远，人们对这一节日历来有着特殊的感情。

重阳节的由来

九月初九重阳节，又称为“重九节”或“老人节”，是魏晋以后兴起的节日。

“重阳”、“重九”之名，肇于三国时代。古人将天地万物归为阴阳两类，阴代表黑暗，阳则代表光明、活力。奇数为阳，偶数为阴。九是奇数，因此属阳，九月初九，日月逢九，二阳相重，故称“重阳”，是一个代表喜庆和快乐的节日。

这一天正值仲秋季节，金秋送爽，丹桂飘香，是登高远眺，舒畅胸怀的好时光。中国历代许多文人雅士，每当此时，登上高处，一面饮菊花酒，一面吟诗取乐，留下无数诗篇。

晋代文人陶渊明在《九日闲居》诗序文中说：“余闲居，爱重九之名。秋菊盈园，而持醪靡由，空服九华，寄怀于言。”这里同时提到菊花和酒。大概已有了饮酒、赏菊的做法。

重阳节又是“老人节”，老人们在这一天或赏菊以陶冶情操，或登高以锻炼体魄，给桑榆晚景增添了无限乐趣。

九月，严寒的冬天即将降临，人们开始添置冬装，同时也不忘在拜祭先人时烧纸衣，让先人在阴间过冬。这一来，重阳节便演变为扫墓及为先人焚化冬衣的节日。

从古至今，重阳佳节这一天的活动都极为丰富，流传到今天的主要有五种传统习俗：

登高：此时秋高气爽、景色宜人，正是游历的好季节，既可以陶冶情操，又有益于健康。

插茱萸：茱萸可驱秋蚊灭虫害。

饮酒赏菊：农历九月正是菊花盛开之时，观赏千姿万态的秋菊，喝几盅菊花酒，也是重阳节的乐事。

食重阳糕：人们把粮食制成白嫩可口的米糕，谓之重阳糕，而“糕”又与“高”谐音，食之谓可步步高升。

开展敬老活动：尊老爱幼是中华民族的传统美德，从古至今，重阳敬老之风绵延不绝。

今天的重阳节，被赋予了新的含义，在1989年，我国把每年的九月初九定为老人节，传统与现代巧妙地结合，成为尊老、敬老、爱老、助老的老年人的节日。

这一天，老人们或秋游赏景，或临水玩乐，或登山健体，让身心都沐浴在大自然的怀抱里；不少家庭的晚辈也会搀扶着年老的长辈到郊外活动或为老人准备一些可口的饮食。

由于退休后时间充裕，中老年消费者如今已成为超市中生鲜、粮油、家庭用品的消费“主力”，60岁以上老年人的购物量占比高达30%～35%。因此，吸引一对老人来购物，就等于吸引了一个家庭的生活必需品消费。商家如果乘着老人节日大力促销，应能吸引更多的客流。

◉重阳节促销推荐商品

1. 中老年服饰

大码服装、中老年“情侣鞋”、中老年服装等专门适合中老年顾客的服饰用品，是重阳节的首推商品，同时，商家可以针对银发族消费者，推出专供老人的特殊优惠政策。

2. 重阳食品类

长寿面、中老年奶粉、蜂蜜、核桃、桂圆等中老年人喜爱的商品，成为重阳节促销的热点。如果在销售这些商品的同时，能够向顾客介绍长寿秘诀，唱响“老人经济”，一定会收到事半功倍的效果。

金秋重阳促销2方案

方案1：重阳礼敬老人，温馨健康大奉送

- 促销主题：重阳礼敬老人，温馨健康大奉送
- 促销时间：农历九月初五至初十三（约一周左右）
- 促销目标：借助重阳佳节的各项活动，提升本店的亲和力、社会知誉度及在消费者心中的形象
- 促销形式：公益活动、表演比赛
- 促销对象：特殊消费群体——老年人
- 促销项目：保健类商品及老年用品
- 促销内容：

促销 POP

重阳礼敬老人，温馨健康大奉送

亲爱的老年顾客：

金秋送爽，金菊绽放，我们共同迎来了又一个美好的节日——重阳节。为回报广大老年朋友对本店的大力支持，在这美好的重阳佳节，本店特举办“重阳礼敬老人，温馨健康大奉送”活动。活动细则如下：

1. 重阳特价酬宾保健酒类、保健品类、保健食品类及其他老年用品等（厂家直销）。

2.“健康是福”义诊活动及老年歌舞表演：

重阳节当日下午在本店门前广场举行，您可以一边欣赏精美的歌舞表演，一边向专家咨询您所关心的健康问题。

3. 向健康老人、幸运老人送真情：

满 60 周岁的老人可获得“会员卡一张和赠品一份”（每天限前 50 名）；满 80 周岁的老人可获得健康老人礼品一份；生日为重阳节的 60 周岁以上老人可获得幸运老人礼品一份。

活动时间：农历九月初五至初十三

◉方案操作说明（供促销策划与执行人员参考）

本方案的操作关键点在于如何与厂家、街道达成联合促销活动的共识。

1. 活动支持

- “义诊”活动与“送真情”活动，应联系一家厂方联合举行，时间可定在重阳节当天傍晚，穿插在歌舞表演时进行。作为回报，店方可在卖场做主题陈列。
- 歌舞表演不必聘请专业的歌舞团，可与附近街道共同举办，演员 20 名左右，由街道提供。这样不但可以吸引更多老年人的关注，还能增进与街道的邻里关系。
- 参加表演的演员每人送礼品一份（由保健品厂方提供），义诊活动也由保健品厂家提供。健康老人和幸运老人的礼品可在歌舞表演时，请有影响力的几个厂家联合颁发。

2. 费用预算

- 氛围设置、舞台搭建、宣传材料费等可控制在 2000 元以内。
- 广告费：电视（3500 元）、电视报（2000 元）、晚报（2000 元）。
- 记者执行费：电视台、日报、晚报记者共 4 名，每名 200 元左右纪念品（由厂商提供）。
- 演员礼品费：1000 元左右（由厂商提供）。

方案2：重阳送好礼，感念父母恩

- 促销主题：重阳送好礼，感念父母恩
- 促销时间：农历九月初六至初九
- 促销目标：借助九九重阳登高尊老敬老的习俗，开展系列促销活动，提升卖场节日的销售量
- 促销形式：购物满××元送××礼品
- 促销对象：所有顾客
- 促销商品：指定商品（见促销POP）
- 促销内容：

促销POP

重阳送好礼，感念父母恩

亲爱的顾客朋友：

金秋送爽，重阳又来。在这美好的节日，我店特精选部分商品，以超低价格回馈广大新老顾客多年来对本店的支持与厚爱。这些商品包括：

1. 超市部：优质大米；高营养水果；脑白金、黄金搭档、中老年人奶粉、加钙麦片、蜂蜜等保健品；旅游用牙刷牙膏套装、袋装沐浴露、运动鞋、登山包、方便面、饮料；内衣、袜子、拐杖等。

2. 家电部：豆浆机、果汁机、电磁炉、热水器、电熨斗、电视机、洗衣机等。

3. 服饰部：保暖内衣、休闲服、秋装、床上用品等。

4. 精品部：胶卷、相机、运动休闲鞋、护肤品、保健品等。

另外，凡在本店超市部一次性购物满39元或百货部满69元的顾客，送蛇油膏一支；在超市部一次性购物满69元或百货部满108元的顾客，送中药牙膏一支。

活动时间：重阳节期间

◉方案操作说明（供促销策划与执行人员参考）

1. 促销支持

● 重阳节正是秋风送爽的丰收时节，因此建议超市部的重阳节陈列要有气势，大米、水果等全部采用实物堆放。堆头上方放置一线KT板，在上面注明价格和品名，给人很强的视觉冲击。

● 门店可用大型海报、广播、吊招、横幅对重阳节推出的商品和重阳节的由来、历史事件、故事传说做主题宣传。

● DM快讯宣传：主题——金秋送好礼感念父母恩；时间——重阳节前十天；规格——大16开12页；数量——6000份。

2. 费用预算

DM费用	0.9元/份×6000=5400元
赠品费用	蛇油膏0.80元/支×1000=800元
	牙膏1.70元/支×800=1360元
共计	7560元

重阳节促销经典2案例

案例1："保龄参杯"敬老爱老知识大赛

现在全世界正渐渐呈现老龄化趋势，医药和保健品市场日益被人们看好。沈阳金龙保健品公司在"国际老人年"到来前夕举行了一次名为"庆祝国际老人年，保龄参杯敬老、爱老知识大赛"的公益活动。金龙公司在时机的把握上做得恰到好处，较好地提升了品牌的影响力。

促销策划案

主办单位：沈阳金龙保健品公司

活动目的：利用“国际老人年”这一可以作为保健品宣传题材的时机，扩大产品的知名度，为企业的市场营销活动服务

活动对象：上海地区的市民

活动内容：

活动由上海市老龄委员会主办，沈阳金龙保健品有限公司协办，于“国际老人年”之际开展，以弘扬敬老爱老的社会风尚，宣传老年人的权益保障，特拍摄了上海市10位百岁老人的专题片播出。

同时，报纸上也刊登了一整版知识竞答题，题目共分单项选择题和判断题两个部分，只要将答案填写在答题区内，随同自己的个人资料一并寄往指定地点，即可参加抽奖。本次活动设：

1. 保龄金奖5名，各奖价值1000元的保龄爱心卡和一对保龄千岁寿碗；

2. 保龄幸运奖1000名，可获得一对保龄千岁寿碗。

◉案例评析

沈阳金龙保健品公司的这次公益活动很好地利用了“国际老人年”这一备受社会关注的主题，从而使自己的公益行为达到了事半功倍的效果。这次活动的参与人数非常广泛，且活动的后续影响大约持续了1年左右。

特别点评

参类保健品在中国人的传统观念中是孝敬父母的佳品，“保龄参”宣扬敬老爱老的精神，既能增大市场对参类保健产品的需求，又凸显了“保龄参”的品牌形象。

沈阳金龙在合作伙伴的选择上也比较“聪明”，选择上海老龄委员会作主办单位，无疑增加了这次活动的公众信任力。

案例2：“活力钙”评双星（寿星、孝星）活动

生产“活力钙”的上海延安制药厂在重阳节期间，通过举行“评双星活

动”在全社会范围内挑选“寿星”和“孝星”，弘扬中华民族尊敬老人的优良传统，获得非常积极的社会效应，同时企业也达到了自己宣传品牌的目的。

促销策划案

主办单位：上海延安制药厂

活动目的：通过支持公益事业，塑造和提升品牌形象

活动对象：符合评选标准的对象均可参加

活动内容：

活动由上海市妇女联合会与生产“活力钙”的上海延安制药厂联合举办。以弘扬老有所为、尊孝长辈的民族美德为宗旨，由广大市民推荐生活中的“寿星”、“孝星”。活动规定的评选标准为：

1.“寿星”：70岁以上，身体健康，积极锻炼或与病魔顽强抗争；生活积极向上，达观开朗，老有所为，对社会无私奉献的老者。

2.“孝星”：年龄不限，尊敬长辈、孝敬父母的典范；在家境困顿中勇于担负责任，照料长辈的少年与青年；数十年如一日，悉心照料无亲缘关系孤老的普通公民等。

双星推荐包括个人推荐、组织推荐两种方式，主办单位择员组成评审委员会，对来信和报送资料进行筛选及评定，评选出以下奖项：

1.“活力钙寿星奖”100名，其中“寿星典范大奖”1名，奖励3000元；“入围奖”99名，各奖300元。

2.“活力钙孝星奖”100名，其中“孝星典范大奖”1名，奖励3000元；“入围奖”99名，各奖300元。

当选者由上海市妇联颁发“活力钙寿星、孝星”证书，活动结果于重阳节宣布，评选出的优秀事迹通过报纸、电视、电台宣传。

◉案例评析

尊老爱老是人类文明的进步及象征，是社会倡导的风范。通过对老年人公益活动的赞助，向广大消费者传达了“活力钙”是一个旨在关心老年人健康事业，为老年人享受美好的生活而不懈努力的品牌。这是一种以深入人心的社会效益来拉拢经济效益的手段。

特别点评

延安制药厂在本次活动中，既不需要评选者购买其产品，也不把其产品作为奖品，相当淡化商业气氛。然而，此次活动的收益却胜过任何一次硬广告的宣传。

首先，参加评选和所评选出来的200名人选中，对“活力钙”的好感不言自明，其口碑作用会激发许多潜在的产品消费者；

其次，多家媒体对本次活动均作了不少新闻报道，如“上海延安制药厂是市级文明八连冠企业，今年该厂‘拳头产品’活力钙销售比去年增长了162%……”。

你问我答（相关知识链接）

竞赛促销的5大注意要点

由于大多数人有喜欢与人比赛、凑热闹的习惯，因此，店铺可以借助举办各式活动制造话题，带动人潮，使消费者在购物的同时，还可以获得乐趣，也使安静的卖场热闹起来，从而吸引客流，提高产品销量。

一般而言，竞赛促销的方式包括：儿童征文征画比赛、比腕力大赛、卡拉OK大赛、喝啤酒吃粽子大赛、特征比赛（凡高、矮、胖、瘦都能制造话题）、拍卖式竞标大赛及猜商品价格、数量、重量等比赛。

促销策划与执行人员在开展“竞赛促销”时，必须注意以下五点：

- 竞赛主题要明确，以有趣好玩、参与性高并能够吸引顾客的注意力为企划重点。此外，奖品的选择也会影响参与者的意愿。
- 竞赛内容要简单、易懂、清楚，不要让人有不知所措之感，而且要注意安全问题。一般以儿童、情侣、全家福动员等为参赛对象时效果较佳。
- 竞赛必须力求公平，若遇到有特殊技能或高级技术比赛，必须聘请专家来做指导或考评。比赛结果要公开，并通知优胜者领取奖品。

● 比赛前的宣传活动必须充分，否则将造成参加人数不足、现场冷清的现象。不得已时，工作人员还须假扮顾客参与，先炒热活动气氛。

● 活动主持人的选择也非常重要，必须要能带动现场气氛，把活动炒热，并能够掌控参赛者的情绪，能及时、灵活地应对现场的突发事件。

◉范例欣赏

儿童节彩绘比赛

活动时间：6月1日（周六）PM 2:00～4:00
活动地点：B1F中庭舞台
参赛资格：小学六年级以下小朋友
限额300名·额满即止
报名方法：填写报名表交至1F服务台，并交保证金20元即可。（保证金于比赛开始前退还）
报名即送：宝宝猪存钱罐1个
活动奖项：优胜奖……………………3名
礼券300元＋获奖证书一份
佳作奖……………………10名
礼券100元＋获奖证书一份
参与奖……………………50名
礼券20元＋荣誉证书一份

竞赛促销的优缺点分析

1. 竞赛促销的优点包括如下几个方面

● **“有奖竞赛” 能帮助建立或强化品牌形象**

比如：消费者在为企业撰写广告语、或为产品画一幅画，或选择出正确的产品标志时，也就把品牌深深地记在心里了。的确，一个设计良好的竞赛活动有助于为品牌增光，增进消费者对产品的了解。

- **“有奖竞赛” 能增加广告吸引力**

一个有趣的问题，又能鼓励大家用心去回想、思索，这样的竞赛内容能使广告脱颖而出。不少企业所举办的竞赛活动至少达到了宣传的效果，有些则达到了让消费者进一步了解产品的目的。

- **“有奖竞赛” 能帮助达到既定的销量和利润目标**

如果让消费者在参加竞赛活动的同时，再附上购买产品的凭证，自然会使销量有保证。不过，须注意的是，由于竞赛活动的参加者相对较少，因此，对销量促进的帮助还是比较有限的。

2. 竞赛促销的不足之处在于

- **活动参与率低， 且只能限于特定物件， 无法普及**

由于竞赛活动需要凭借一定的智力与知识才能参加，不像抽奖只凭运气，容易不劳而获，因此，就增加了比赛的难度，参加者自然就少了。如果竞赛题复杂枯燥，更不能引起人们的关注。

- **活动的设计较难创新**

如果是普通的问题已使消费者感到乏味，要引起消费者的好奇或欲求一试的心理，就需要别出心裁的创意，但现实中真正杰出的作品委实不多。

- **对目标消费群的针对性差**

除非活动的主题的确与众不同、引人注目，并辅以有效的宣传沟通工作，否则“有奖竞赛”是不会出现企业所期望的反响的。不少参加者是那些“竞赛专业户”。因此，举办这种活动就不一定会对企业的品牌有多少实际的意义。

第 20 章　万圣节促销

万圣节的由来与促销分析

每年的 10 月 31 日，是西方的传统节日，万圣节。万圣节的晚上，则是一年中最“闹鬼”的一夜，所以也叫“鬼节”。万圣节就如中国人的中元节一样，充满了对鬼魂的敬畏和好奇。

然而，中国的 7 月半，总有种凄凉阴森的感觉，但在西方的鬼节，即 10 月底的万圣节，却仿佛庆典似地举行各式各样热闹的化装游行，再加上南瓜雕刻的鬼脸，带着戏谑的意味。这些风俗的背后，有许多引人入胜的传说。

万圣节的由来

“Halloween”（万圣节）这个词，起源于天主教教会。每年的 11 月 1 日，是天主教庆祝诸圣的节日——All Hallows Day 或 All Saint's Day。

在西元前五世纪，爱尔兰的喀尔特族人，将夏末订在 10 月 31 日，同时在这天庆祝新年。传说中，每年到了这一天，所有时空的法则都会失效，使得阴阳两界合而为一，因此，这是游魂出没找替死鬼的唯一机会。

为了不让这些游魂得逞，村民就于当天晚上打扮成鬼魂，在村庄各地热热闹闹地游行，希望吓走那些孤魂野鬼。而且，当村民认为某人可能被鬼附身时，就会将他绑在木桩上活活烧死，目的是“杀鸡儆猴”，警告其他鬼魂离远点。

随着时间流逝，许多风俗习惯的传统精神慢慢式微，到后来，装扮成鬼怪或巫婆，变成只是一种仪式化的行为。1840年左右，爱尔兰移民将万圣节的传统带到美国，到了近代，万圣节晚上，大家奇装异服地上街狂欢，没有人会再担心鬼魂附身的事。

至于夜里，小孩子打扮成各种鬼怪，兴高采烈地挨家挨户去讨糖果，在各家门口大喊“Trick - or - Treat!”（不给糖那你就等着我们的恶作剧）这种“合法的勒索”，有可能是从西元九世纪的欧洲风俗演变而来的。

而万圣节雕刻南瓜的习俗，则可能和爱尔兰的民间传说有关。

据说一个酒鬼杰克，曾设计将撒旦骗上树，并在树干上刻了一个十字架，让撒旦不敢下来，结果魔鬼和他达成协议，保证从此不再前来骚扰才得以脱身。杰克死后，天堂和地狱都拒绝他进入，魔鬼就给了他一小块灰烬，让他在黑暗的地狱中能看清楚路。杰克便将这小块灰烬放在一个打了许多洞的菜头当中，好让它烧久一点。

根据这个传说，爱尔兰人用菜头来制作他们所谓的“杰克灯笼”。但当移民们到了美国之后，发现新大陆的南瓜比菜头普遍，于是改为用南瓜雕刻成各种鬼脸，然后在里面放上蜡烛。

总之，万圣节已成为西方人一个很普通的季节性节日，有很多人将此看作秋的结束以及冬的到来。万圣节过后，人们就开始期盼感恩节、圣诞节乃至新年了。

随着圣诞节、情人节、感恩节……一个个接踵而来的“洋节”，万圣节，这一西方的“鬼节”也已走近了我们的生活。万圣节未到，精明的商家已为自己的顾客准备了“假面派对”、“鬼神现场抽奖”等层出不穷的“鬼主意”。

◉万圣节促销推荐商品

西方过万圣节，青少年都会穿上奇装异服、戴上形形色色的面具，提着南瓜灯笼讨糖吃。而中国的万圣节，商家们又该为自己的忠实消费者准备些什么呢？

1. 万圣节主题派对

万圣节期间，最火爆的当属酒吧、KTV、星级酒店这些娱乐场所，其推出的各种主题派对和万圣节大餐、化装舞会是年轻人的首选。一家大型 KTV 的万圣节包厢消费，就有送“鬼礼”、“鬼神”现场抽奖等活动。

2. 鬼玩具迎来销售旺季

平时难得一见的鬼面南瓜、恐怖面具、吸血披风等怪异玩具，是万圣节市场的热销品，这些怪异玩具不单受到儿童和青年的青睐，一些酒吧或公司也会前来订购，以供万圣节当晚开 Party 用。

万圣节促销方案

方案：沟通无极限，乐在万圣节

- 促销主题：沟通无极限，乐在万圣节
- 促销时间：10 月 29 日—10 月 31 日
- 促销目标：借助万圣节的欢乐气氛开展系列活动，并鼓励消费者积极参与到活动中来，从而增加店铺的亲和力
- 促销形式：游戏、抽奖促销
- 促销对象：达到消费要求的所有顾客
- 促销商品：所有商品
- 促销内容：

促销 POP

沟通无极限，乐在万圣节

亲爱的顾客朋友：

想和你的家人朋友共度一个别具特色的万圣节吗？想测试一下自己与家人或朋友的心灵感应度吗？想试试自己在这个黄金十月的运气吗？

应广大顾客朋友的要求，万圣节期间，本店特举办“万圣节游戏、抽奖大聚会”活动。

活动期间，在本店购物满200元者，即可与您的家人朋友一起参加本店的万圣节特别游戏："假面猜猜看"。戴上本店特制的假面鬼脸，寻找您的知心朋友。

所有参加游戏的顾客，均可免费获得游戏时所戴的假面鬼脸，并可参加抽奖活动一次。中奖者将获得本店300元的购物代金券一张。

游戏获胜者在享有以上待遇的同时，还将奖励100元购物代金券一张。

心动不如行动，赶快加入吧！

活动时间：10月29日—10月31日

◉方案操作说明（供促销策划与执行人员参考）

1. 活动支持

包括假面鬼脸500个（计1000元），300元、50元面值购物代金券各若干张，活动场地一处（可设在卖场门前的开阔地带或在卖场中的开阔地带）。

2. 游戏设置

在活动场地设1米高、20厘米宽隔离板一块，隔离板一面站参赛人员4～10名（视参与人数而定），另一方则依次走过另外的4～10名参赛者。

双方均戴假面鬼脸，伸出双手各自互握30秒，如果确认对方就是自己要找的人，就与对方一起走出队列，并拥抱在一起。游戏双方只能凭借握手的感觉确认对方，不能说话或有其他提示。

万圣节促销经典2案例

案例1：冬日送暖给宝宝，爱心奉献大礼包

全日美实业（上唐）有限公司与北京汇联食品有限公司、美国雅培制药有限公司等婴幼儿产品生产企业，曾借助秋末冬初的万圣节，联合举办了一场非常成功的"冬日送暖，爱心奉献"爱心大礼包免费赠送活动。

促销策划案

主办单位：全日美实业（上唐）有限公司与北京汇联食品有限公司、美国雅培制药有限公司等婴幼儿产品生产企业

活动目的：借助促销活动，提升品牌美誉度，增强整个活动的卖点，提高产品销量

活动对象：所有婴幼儿用品的购买者和活动参与者

活动内容：

在活动期间，这些企业将以电脑筛选和婴幼儿家庭来函的方式选出10000 名婴儿，作为本次活动的入选者，每位入选者将免费获得爱心大礼包 1 份。同时，全日美公司将专函通知入选者领取奖品。

“冬日送暖，爱心奉献”大礼包内有：“嘘嘘乐”免洗尿裤 4 片、“汇力多”婴儿苹果泥 1 瓶、美国“雅培”奶粉试用装 1 包和“五月花”面巾纸试用装 1 包。

◉案例评析

在这次活动中，合作各方都是具有一定知名度的婴儿产品生产企业，其品牌也在各自领域中具一定的代表性，因此合作各方彼此形象一致，是这次促销活动成功的关键。同时，这种强强联合比一方借另一方的光更具促销的冲击力。

特别点评

“联合促销”可以节省广告促销费用。本例中，原本将是各企业产品分别作试用装赠送，以达到目标顾客试用后进一步购买的目的。但由于合作各方的目的和目标完全一致，联合赠送就节省了一大笔广告刊登费和人力成本费用。

同时，这种“联合促销”还丰富了本次促销活动的内涵，只要系列中有一个产品对消费者有吸引力，就能提升整个活动的卖点。当然，如果这几家企业还能在试用装内附送优惠券，其促进购买的作用就更为明显。

案例2：好节日“可口可乐”开心送好礼

“可口可乐”公司在每个重要的节日，都会推出一些足以吸引顾客眼球的促销活动。万圣节前夕，“可口可乐”再一次举办了“即买即送”的大型赠品促销活动，并取得了非常好的效果。

促销策划案

主办单位：可口可乐公司（中国）

活动目的：通过“即买即送”式的赠品促销活动提高产品的节日销量

活动对象：所有“可口可乐”产品的购买者

活动内容：

凡于节日促销期间购买“可口可乐”产品的消费者，均可获得“可口可乐”公司免费赠送的精美礼品一份。详情如下：

凡购买2罐或2瓶500毫升，或1瓶1.25升或1瓶2公升的可口可乐产品，均免费赠送精美贺卡1张或拼图1盒。

凡购买12罐或12瓶500毫升，或6瓶1.25升或6瓶2公升的可口可乐产品，均免费赠送小熊1只或手套1副或装饰蜡烛1对。

凡购买整箱任何包装的可口可乐产品，均赠送绒线帽1顶或围巾1条或“可口可乐”玩具货车1辆。

◉案例评析

在这次促销活动中，人们不仅可以感受到万圣节来临的欢乐气氛，也为这些美好的礼物而动容，加深了喝“可口可乐”的开心感觉。因此可以说，赠品中包含厂家品牌的性格，正是“可口可乐”连年举办促销却并未损伤品牌形象的原因之一。

特别点评

许多促销活动的赠品看似诱人，但很难真正到达消费者手中。许多消费者面对诱人的赠品只能隔河相望，企业的促销目的自然不能达到。“可口可乐”的这次促销也是如此。

“可口可乐”那些可爱的赠品时令性很强，针对性也很强，但真正想得到赠品的消费者（以女孩居多）却很少有机会以 12 罐、6 瓶甚至整箱地大量购买，她们的实际消费能力可能只有 2 罐，送的却是 1 盒拼图，而这张拼图是小朋友玩的东西。

因此，如果采取消费者购 1 罐可乐再贴 23 元，或购 2 罐可乐再贴 22 元（当然购 24 罐就不用贴钱）的方式进行促销，也许会更吸引消费者。

你问我答（相关知识链接）

“回邮赠送”的优缺点分析

“回邮赠送”是一个具有独特魅力的促销战术，最普遍的回邮赠送是提供一个赠品，并让消费者以购物凭证或通过使用产品而获得。在市场处于竞争状况时，运用回邮赠送效果最佳，常能达到其他多种促销活动的目标。

温馨提示

所谓凭证，可以是商品标签、电脑条形码（UPC codes）、标价牌、商标或任何其他足以证明消费者已经购买了该产品的凭据。在回邮赠送中，只要消费者将这些凭证寄出，就可以收到寄来的赠品。

对绝大部分“回邮赠送”的执行者而言，为求最佳促销效果，常会选择媒体广告、商品包装上的突出标志以及零售点 POP、陈列物的强化等，以刺激消费者的选购兴趣，包括挖掘新的顾客群和维持老顾客的品牌忠诚度。

◉回邮赠送之优点分析

• 回馈既有顾客：因为目前的消费者已经购买了此商品，当然较容易获得赠品。

• 防止品牌转移：如果消费者正在收集本产品的标签或其他购物凭证，则转用其他产品的可能性很小。

• 加强消费者重复购买的意愿：在收集多个凭证才能兑换赠品的时候，消费者常会一次大量买足产品或多次重复购买。

• 提高赠品的价值：当回邮赠送促销活动的参与率过低时，促销执行者可以在同样的活动经费内改选高价值赠品，以吸引更多人的参与。

• 促销活动容易设定和控制：当活动展开后，唯一的工作就是处理消费者的来函和邮寄赠品，操作相对简单容易。

◉回邮赠送之缺点分析

• 销售量的增加幅度不易预估：因为赠品兑换率很少超过总媒体刊播率的1%，所以不能算是一种建立业绩的强势促销方法。

• 由于需要多重的购物凭证，因此这种促销活动对新使用者的吸引力不如对既有使用者的吸引力大。

• 在面对不断增加的邮寄和运送问题时，因为赠品无法立即拥有，所以绝大部分消费者不愿意花费数星期去等待邮寄来的赠品。

• 由于需要多重购物凭证，所以这种促销方式在销售现场的购买冲击没有其他促销方式来得实际，因此不是一种能强力激发消费者购买欲望的促销手法。

• 举办回邮赠送的厂商很难在执行前先行测试活动的情况，而且只有极少数的消费者能事先说出他们实际的反应。

餐饮业促销6怪招

万圣节怪事多多，餐饮业更是不甘寂寞，很多餐馆都推出了各种各样的促销花招。不信请你自己看——餐饮业促销6怪招，招招让你感兴趣。

◉怪招 1：图照菜谱

在上海的很多餐馆你都可以看到“图照菜谱”。这种菜谱把本店所能提供的菜肴的价格、原料、制作工艺，甚至彩色照片都搬到菜谱上，尽其所能地介绍其特点，方便了顾客对特色菜肴的了解。

◉怪招 2：立体菜谱

还有一些餐馆采用“立体菜谱”，就是用塑料与石蜡加工仿制成各种形象逼真、色彩艳丽的特色菜肴造型，放在玻璃窗里。每种菜均标明菜名、主要原料、价格和号码，用餐者经过比较选择，只需将号码告诉服务员，就能品尝到自己喜爱的菜肴。有的餐馆还将这种菜肴模型作为礼物送给宾客，更加增添了顾客的兴趣。

◉怪招 3：点厨掌勺与署名烧菜

广州某宾馆推出了“点厨掌勺”的服务新招，食客可以随意选择 20 多位厨师为自己烹制菜肴。与“点厨掌勺”有异曲同工之妙的是浙江某酒店推出的“烹调署名责任制”。凡上桌的菜盘上均贴有“本菜由 × × 号厨师主理”的小标签。这样一来，若菜烧得不合口味，顾客可以投诉而获得补偿，同时店家也由此落实了技术考核和经济责任制。

◉怪招 4：新闻早茶

福建某大厦不甘落后，推出了“新闻早茶”的特色经营。在这里，每位顾客只需花上十几元，就可品茗、看报、吃自助餐。大厅醒目处还有大屏幕彩电，连续播放早间新闻、股市行情等。“新闻早茶”迎合了当今部分消费素质较高者的心理需求，巧妙地将信息传递与休闲用餐等融为一体，颇受众多食客青睐。

◉怪招 5：迷你名菜

高档宾馆的特色名菜，工薪族平时不敢问津。上海某饭店为使百年名菜“佛跳墙”走向大众，在一个个小罐里盛着鱼翅、刺参、干贝等十余个品种的“佛跳墙”出售。因每份菜量较小，售价相对低廉，一般食客都吃得起，这样就有不少人买几样尝尝鲜、品品味，饭店也因此提高了经济效益。

◉怪招 6：自助餐论斤卖

荤菜素菜任你点，不过点完之后要过秤，并且按重量付费，这是南京某“台式自助餐厅”推出的新招。在台式自助餐厅的厅堂里，有近 20 个拼盘分两排摆列着。据介绍，饭随便吃，每人一元，菜则不讲人数，不讲荤素，只讲重量，8 元 1 斤，按净重量付费。据餐厅工作人员介绍，自开业以来，生意挺不错的。

第21章　感恩节促销

感恩节的由来与促销分析

每年11月的第四个星期四，美国人便迎来了自己最重要的传统民俗节日——感恩节。届时，家家团聚，举国同庆，其盛大、热烈的情形，不亚于中国人过春节。近几年，感恩节这一西方节日开始进入中国百姓的生活中。

感恩节的由来

感恩节（Thanksgiving）是美国一个特有的节日，美国有今日的成就，与“感恩节”可说是息息相关。要知道感恩节的由来，首先我们要了解美国的历史背景。

今日所谓的美国人，其实最早是由英国迁移过来的，而这些人会由英国迁居美国，最大的因素是宗教信仰问题。

在17世纪，英国所奉行的是“英国国教”，但当时有群信奉他教的“清教徒”。这些清教徒不仅被叫做邪教还遭受到迫害。1620年，为了寻求宗教自由，这群约100人的清教徒搭乘一艘名为“五月花”的船只，在今日美国的普里毛斯港登陆。

清教徒在美国的第一年并不好过。由于食物不足、天气寒冷、传染病肆虐和过度劳累，这批清教徒一下子死去了一半以上。幸好有当地的印地安人实时给予帮助，并允许这群新朋友能安全地在森林里狩猎，更热情地教这些新移民种美洲的特产——玉米。

隔年收割时，遍地长满了结实累累的麦穗。辛苦有了代价，这群从远方来到新大陆的人也露出了笑容，心中充满了对上帝和印地安朋友的感激。1621年11月下旬的星期四，清教徒们准备了丰盛的美食并邀请印地安朋友歌舞同乐，感谢上帝的恩赐，庆祝美国历史上第一个感恩节。

从此，这一习俗就沿续下来，并逐渐风行世界各地。1863年，美国总统林肯宣布每年11月最后一个星期四为感恩节假期。之后，感恩节的日期也经过几次变动，最后直到1941才经过国会通过，每年11月的第四个星期四为国定感恩节假日。

感恩节期间，美国城乡都要举行化装游行、戏剧表演和射击、打靶等体育比赛。一些美国家庭、宗教组织及慈善机构还为穷人、孤儿及流浪者们提供免费的火鸡宴，让那些不幸的人们在感恩节里也得到一份人间的温暖。

事实上，尽管感恩节为越来越多的中国人所接受，但对中国百姓来说，这并不是一个有特别意义的日子。不过由于感恩节在11月末，又标注了“感恩”这个感情色彩浓烈的词，在所有消费者都等着年底商场的大型促销时，借感恩节推出促销活动，效果就不同了。

◉感恩节促销推荐商品

借助“感恩节”而进行的促销活动，一般为10天左右，可推出的活动和产品有：

1. 每日一物，限时抢购（每天一种有代表性的商品，在限定时间内销售，以吸引消费者）；

2. 独家魅力商品、超值精选商品，会员真情大回馈（感谢老顾客的支持和光顾）；

3. 秋装换季优惠大促销（秋冬换季，借助感恩节清仓甩卖秋装，为冬装上市做准备）；

4. 冬季用品上市开门红（各式御寒保温商品，如羽绒被、皮衣、火锅、电暖器、毛衣等）。

感恩节促销3方案

方案1：感恩节换季产品大甩卖

- 促销主题："感恩节换季产品大甩卖"
- 促销时间：11月15日—11月25日
- 促销目标：以"甩卖"为卖点，清仓处理存货，增加销售额，同时为新产品上市作准备。
- 促销形式：清仓处理、赠品促销
- 促销对象：所有顾客
- 促销项目：换季存货
- 促销内容：

促销POP

> **"感恩节换季产品大甩卖"**
>
> 亲爱的顾客朋友：
>
> 在这秋末冬初时节，我们迎来了又一个美好的节日"感恩节"。为感谢您对本店一年来的大力支持，我店部分产品实行清仓大甩卖。甩卖打折幅度从7折到5折不等。机会难得，数量有限，欲购从速！
>
> 同时，凡一次性消费满150元的顾客，均可获得本店精美礼品一份。
>
> 活动时间：11月15日—11月25日

方案2："感恩节"会员真情大回馈

- 促销主题："感恩节会员真情大回馈"
- 促销时间：11月15日—11月25日
- 促销目标：以感恩回馈为主题，留住老顾客，吸引新客流，提高销售额。
- 促销形式：会员优惠、附赠促销
- 促销对象：所有会员顾客和购物满150元的顾客
- 促销项目：所有商品
- 促销内容：

促销 POP

“感恩节”会员真情大回馈

亲爱的顾客朋友：

“感恩节”来临之际，为感谢您对本店多年来的大力支持，我店特举办“感恩节会员真情大回馈”活动。活动细则如下：

1. 凡本店会员，会员卡记分 100 点以上者，持会员卡均可在本店免费领取精美礼品一份（同时可享有第二项购物优惠待遇）。

2. 凡本店会员，持会员卡购物消费，均可享受 8.5 折优惠，同时可领取精美礼品一份。

3. 非本店会员，在本店购物消费满 150 元者，均可享受 9 折优惠，并免费赠送会员卡一张和精美礼品一份。

活动时间：11 月 15 日—11 月 25 日

◉方案操作说明（供促销策划与执行人员参考）

此方案的促销目标顾客是本店会员，即借助感恩回馈，吸引老顾客进行再次消费，并增加与其之间的情感联系。因此在促销宣传时，要着重强调对“会员”的真情回报，可以采用 DM 邮寄方式，将促销活动的具体情况直接送到每个会员的手中。

温馨提示

对于非会员的顾客，虽然有购物限制，但因为在购物满规定金额（150 元）后，同样能够享受打折优惠，并赠送会员卡，因此对会员顾客的感恩回馈也会带动这些非会员顾客的积极消费，而且可以吸引一定数量的新会员的加入。

方案 3：每日惊喜一品，优惠大奉送

- 促销主题：每日惊喜一品，优惠大奉送
- 促销时间：11 月 15 日—11 月 25 日
- 促销目标：以优惠奉送为卖点，吸引客流，促销过季商品，提高销售额
- 促销形式：优惠附赠、关联商品促销

- 促销对象：购买指定商品满 50 ~ 150 元以上（视当日促销品价位而定）的所有顾客
- 促销项目：每日指定商品
- 促销内容：

促销 POP

每日惊喜一品，优惠大奉送

亲爱的顾客朋友：

“感恩节”来临之际，为感谢您对本店多年来的大力支持，本店将精选部分商品，举办“每日惊喜一品，优惠大奉送”活动。活动细则如下：

1. 11 月 15 ~ 25 日，本店将连续推出十大类精选商品，包括日用百货、服装鞋帽、生熟食品、家用电器等（详情请参考每日促销提示）。

2. 凡于促销当日购买指定商品者，均可享受 8.5 折到 7 折不等的优惠。

3. 消费者在购买以上指定商品满 50 ~ 150 元以上者（视当日促销品价位而定），均可在享受打折的同时，获赠本日的惊喜礼品一份。

活动时间：11 月 15 日—11 月 25 日

今日促销 POP 范例

明日（今日）惊喜一品

“真皮高档男士皮夹”等你拿

凡于明日（今日：11 月 20 日）在我店女装部购买指定女装（含女士套装、群装、休闲装、女士内衣）的顾客，均可享受 8 折优惠。凡购买以上产品满 100 元的顾客，还可凭购物小票到服务台领取真皮高档男士皮夹一只。

在您靓丽的同时，何不为您心中的他（父亲、丈夫、男友、兄弟）送上一件精美礼品呢？

为您心中的她（母亲、妻子、女友、姐妹）购买真爱之品时，也为自己增添一点高贵吧！

活动时间：11 月 20 日

活动地点：本店女装部

◉方案操作说明（供促销策划与执行人员参考）

在此方案的操作过程中，促销执行人员应特别注意如下事项：

1. 促销宣传

促销活动的宣传可以借助促销宣传单、卖场门口的大型看板，甚至媒体广告（电视滚动字幕等），以便吸引更多的人进入卖场。也唯有这样，才能让每日 POP 发挥作用。

2. 每日促销品的选择

每日特选促销商品以本店换季商品、积压商品和大库存商品为主，促销商品要分类明确，促销幅度视具体情况而定。

3. 赠品的选择要求

每日赠品要与促销品有直接或间接关系，并能带动消费者的拥有欲望，此目的可通过每日 POP 传达给消费者。

4. POP 的制作要点

每日 POP 要制作精美，并及时更换，最好每日能有两个或更多，一个为当日的 POP，另外为明日和后日的 POP，以便让消费者有更多的购物计划。

感恩节促销经典 2 案例

案例 1：理想牌彩色锅，以旧换新大行动

理想工业公司曾在台湾市场上推出了一种新产品——理想牌彩色锅。市场调查的结果表明，这种彩色锅销售的最大障碍，是家家户户都有传统的炒菜锅。有很多消费者说："我买了彩色锅，家里的旧锅怎么办？"还有的消费者说："我要买，等我家里的锅用坏了，我就买！"

但是传统的炒菜锅使用寿命非常长，要等到消费者家里的锅用坏，不知要等到何年何月。根据这一情况，理想工业公司决定开展一次以旧锅换新锅的促销活动。

促销策划案

主办单位：理想工业公司

活动目的：利用“以旧换新”变相折价促销的手段，扫除新产品上市的障碍

活动对象：所有广告受众

活动内容：

活动规定：在购买彩色锅时，一只旧锅可以折价50元新台币，以排除旧锅形成的销售障碍，并决定用电视广告对这一活动进行宣传。

电视广告中先由一个演员扮成收旧货的，一手拿着一杆秤，另一只手拿着一口旧锅说：“过去，旧锅一个只值几元钱，现在不同啦！旧锅换新彩色锅，一个值50元。”接下来的电视广告镜头映出了好多家庭主妇，忙着拿旧锅去换彩色锅，一路上络绎不绝，成群前往，并且都笑嘻嘻地说：“真合算！”

这个广告播出后，很多家庭主妇都拿还能用的旧锅去换彩色锅，后来大家又拿破的、坏的旧锅去换新锅，在台湾掀起了一个换锅热潮。

◉案例评析

理想公司采用以旧换新的促销手法，使彩色锅的销售获得了突飞猛进的发展。之所以会产生这一结果，与理想公司在促销前所做的市场调查是分不开的。

从市场调查中，理想公司了解到，家庭中用来炒菜的锅，不到用坏时一般消费者不会主动去买新的，这就阻碍了制造商新产品的销售。因此，理想公司为了使新产品能够迅速打开销路，采取了以旧换新的做法，果然收到了奇效。

特别点评

从理想公司的案例可以看到“以旧换新”促销方法在新产品上市中的作用。在新产品推广的过程中，很多商家为了打开销路采取了直接降价的做法，其实，“以旧换新”是一种变相的降价方法，既没有使商品的价值受到低估，又达到了快速大量销售商品的目的。

案例 2：答谢您的努力，“虎牌”啤酒献上无尽奖励

感恩节期间，“虎牌”啤酒公司在销售渠道上所做的促销努力可谓“不遗余力”，从批发商到零售商，直至酒店的服务人员，实行“一条龙”的促销计划。公司给“距离消费者最近的人”以实惠，利用酒店的服务人员直接对消费者进行促销。

促销策划案

主办单位：“虎牌”啤酒公司

活动目的：直接给酒店的服务人员以实惠，鼓励他们向在酒店进餐的顾客促销“虎牌”啤酒

活动对象：酒店的服务人员

活动内容：

“虎牌”啤酒公司开展了针对酒店的服务人员的促销奖励活动，只要服务人员向消费者推荐售卖了“虎牌”啤酒后，可凭借收集的瓶盖向虎牌公司兑换奖品。

如 12 个瓶盖可换价值 5 元的超市购物券一张，“瓶盖越多，收获越丰富”。

◉案例评析

虎牌瓶盖能换礼品并非“虎牌”啤酒公司的首创，只不过，“虎牌”啤酒公司提供的礼品是变相等于现金的购物券，这颇受酒店人员欢迎。而且，本例中的兑换率并不低，一个瓶盖相当于 0. 42 元的价值。

特别点评

对酒店服务小姐进行兑换瓶盖的奖励活动，以前，甚至在“虎牌”公司举行这个活动的时候，还只是属于阶段性的促销。此后，众多厂商竞相效仿，瓶盖换物欲罢不能。于是，“瓶盖换物”已成为各啤酒厂商常年的销售补贴项目。

但是，类似的奖励活动，最大的弊端在于促销一停则销售量即降。有时候，有计划地将促销装产品直接分配至各零售店，一方面可将货源直接落实到终端售点，另一方面可以人为造成有限的促销气氛，也不失为一个策略性的措施。

你问我答（相关知识链接）

清仓甩卖的促销4招

每年换季，商家都要面临旧货出清的问题。旧货出清，不但可以为新货上市腾地方，也能周转资金，让商家有更多的实力投入到新的交易中。然而，面对这些需要出清的货品，采用什么样的促销方式更好呢？

- **巧降价带来好销量**

降价销售是处理积压产品传统而普遍的方法。但是，降价也必须有适当的时机和合理的理由，也要有技巧，否则，本来好好的产品，却可能因消费者的各种猜测而影响了促销效果。

- **配套组合搞促销**

商家面对积压滞销产品时，可根据不同层次消费者的特殊需求，运用美学功能，将一些有关联的商品组合在一起，形成各种组合套装，使消费者产生购买的欲望。当然，这种组合的权力可以让位给消费者，让他们自己动手。

- **借势清仓忙促销**

天下可借之势很多，比如各种节假日、各种地方习俗、许多突然发生的社会事件，或者就是自己造出来的“势”，都可以借用，但关键看你怎么借，借来的“势”是否真能帮你清仓。

- **以“情”动人助促销**

以“情”动人，即在促销活动中，不仅要针对消费者的消费心理、情感需求，有的放矢，投其所好地推出感性商品，而且还要采用情感化的促销手段，在推销商品的同时把情感推销给“上帝”，以通过推销情感来达到掏“上帝”腰包的目的。

渠道激励式促销的运用原则

营销渠道是产品从生产者到消费者之间流动的载体。对企业来说，营销渠道的建立实现了一系列重要的职能，包括产品销售、信息交流、服务传递、资金流动等，拉近了生产者和消费者之间在时间与空间上的距离。

鉴于营销渠道的重要性，越来越多的产品和企业都开始有针对性地对营销渠道开展一系列促销活动，即开展渠道激励式促销。

那么，企业在开展渠道激励式促销时，须遵循怎样的运作原则呢？

- **激励费用的控制**

由于产品的利润不同，行业间的竞争程度也不同，因此在设定激励费用时，需要分析竞争者的状况并结合自身的营销策略。

一般对经销商的奖项设置最好不用现金或产品本身，以避免造成价格的混乱，影响中间商的积极性，使销售受到影响。对零售超市的奖励，现金却最有吸引力。

- **促销效果的评估**

由于制造商投资于中间商的促销费用呈日益上升之势，其在企业经营费用中所占比重也越来越大，因此对中间商的促销评估越发显得重要。这项工作主要包括：中间商促销的投资回报率，促销活动对产品在渠道市场上的控制力，以及销售员执行、监控和协助促销的能力。

- **渠道促销的整体性**

对中间商的促销必须作为制造企业整体营销计划的一部分。当企业在制定营销策略和设计对消费者的促销活动时，就应该把它规划进去。企业应尽量避免处于被动应对状态。

第22章　圣诞节促销

圣诞节的由来与促销分析

随着人们思想观念、生活习惯的改变，圣诞节这个欧美国家的传统节日，已经成为中青年人生活的一种必须。在圣诞节平安夜，人们去得最多的地方就是酒吧、迪厅和高雅餐厅等休闲、娱乐、就餐场所，去感受那一种浪漫和疯狂，去体验那种新鲜的外来文化气息。

圣诞节的由来

每年12月25日，是基督教创始人耶稣的诞辰，也是基督徒最盛大的节日——圣诞节。按照基督教教义，耶稣是上帝之子，为拯救世人，降临人世，所以圣诞节又称“耶稣圣诞瞻礼”、“主降生节”。

耶稣的生日究竟是哪一天，其实早已无据可查。为什么要把12月25日定为圣诞节呢？这是在5世纪中叶由教会规定的。

公元4世纪前，每逢冬至日（约12月25日），罗马人都要祭拜太阳神。因为这天之后，黑夜渐短，白昼渐长，这恰恰是来自太阳的“恩赐”。

公元4世纪初，基督教会“移植”了这一风俗，把这一在罗马帝国流行的太阳神节日，定成了耶稣基督的诞生日。公元354年，罗马帝国西部拉丁教会年历中首次写明12月25日为耶稣基督诞生日，而这就是圣诞节的起源。

从12月24日至翌年1月6日为圣诞节假期。节日期间，各国基督教徒都举行隆重的纪念仪式。圣诞节本来是基督教徒的节日，由于人们格外重视，它便成为一个全民性的节日，是西方国家一年中最盛大的节日，可以和新年相提并论，类似我国过春节。

西方人以红、绿、白三色为圣诞色，圣诞节来临时家家户户都要用圣诞色来装饰。红色的有圣诞花和圣诞蜡烛。绿色的是圣诞树，它是圣诞节的主要装饰品，用砍伐来的杉、柏一类呈塔形的常青树装饰而成，上面悬挂着五颜六色的彩灯、礼物和纸花，还点燃着圣诞蜡烛。

红色与白色相映成趣的是圣诞老人，他是圣诞节活动中最受欢迎的人物。西方儿童在圣诞夜临睡之前，要在壁炉前或枕头旁放上一只袜子，等候圣诞老人在他们入睡后把礼物放在袜子内。在西方，扮演圣诞老人也是一种习俗。

中国人接触圣诞节是近几年的事，全国各地过圣诞节的方式和气氛也各不相同。一般而言，沿海城市的节日气氛要浓一些，年轻一辈的人虽有不同的宗教信仰，但已将圣诞节作为一个普天同庆的日子。因此，大多数商家也会抓住这一黄金节日为自己的商品大打促销牌。

◉圣诞节促销推荐商品

1. 圣诞大餐

许多企业都愿意组织员工在圣诞节聚餐，因此各大宾馆、酒店在此时推出圣诞大餐，即使价格比平时上涨300%，大小餐厅都被预订一空，连大堂可能也要用屏风隔出一方。

2. 圣诞礼品

一些平常的小礼品，如玩具熊、巧克力等在圣诞节被重新包装，摆上圣诞专柜，或作为促销赠送的礼品，也一定会收到不错的效果。

3. 女性用品

圣诞节，送礼的主角是男生，收礼的主角是女生，因此化妆品、金银饰品、高档围巾、名表、鲜花等符合女性特点的日常用品在圣诞节也是热销品的一种。

4. 儿童服装

儿童也是圣诞市场的主要消费者。圣诞临近新年，又借助了圣诞老人送圣诞礼物的传说，家长们一般会选择在圣诞节为自己的孩子买套新装，因此，儿童服装也是圣诞的热卖品。

激情圣诞节系列促销4方案

- 中心主题：非常3+1，惊喜等着你
- 促销时间：12月20日—12月30日
- 促销目标：通过一系列时尚、流行的“娱乐”型促销活动，增加客流量，提升卖场人气，提高商品的节日销量
- 氛围布置：要使顾客一进门店就能感觉到下雪的气氛和西方圣诞节的华丽景象。

温馨提示

圣诞节卖场的氛围布置主要包括以下几点：

1. 主题陈列：圣诞卡、圣诞老人帽、喷雪、礼品、糖果、饼干、趣味玩具等。

2. 卖场装饰：圣诞树、彩灯、彩带、吊铃、小人、梅花鹿像、圣诞老人像等圣诞装饰品；店面可用泡沫打散制成雪花、吊雪等；店面员工可打扮成圣诞老人在门口派发糖果等。

3. POP设置：制作专门的圣诞手招、吊旗、海报，以加强店面圣诞节气氛，同时还可选播一些有圣诞意味的背景音乐来烘托卖场氛围。

方案1：购物平安夜，赠你“平安果”

- 活动主题：购物平安夜，赠你“平安果”
- 活动时间：12月24日
- 活动支持：两棵大型的圣诞树（供应商支持）
  苹果20000个，费用大约6000元
  亲情卡片20000张，费用6000元

• 活动方式：对当天在本超市购物的顾客进行赠送“平安果”（苹果）活动。顾客可亲自“采摘”平安果，寓意一年的收获。

• 方案分析：

“平安夜”是一个很亲情的夜晚，同时也是改善店铺购物形象的好时机。

借此机会，促销人员可以把“平安果”和饱含亲情的“亲情卡”绑在圣诞树上，赋予一个普通苹果以亲情、关爱、温暖的元素。

同时，充满温馨、祝福的平安卡片也带着卖场对顾客的一份感谢和一份祝福！

方案2：幸运25，猜谜得大礼

• 活动主题：幸运25，猜谜得大礼

• 活动时间：12月25日

• 活动支持：幸运礼品（各供应商支持，店内选区）

其他费用预计为1000元

• 活动方式：凡符合以下任何一项条件的顾客，都可以参加本次幸运活动。在主持人的提示下，幸运顾客于一分钟内猜出商品的价格，猜中即赠送所猜商品。

• 活动参与条件：

腰围2尺5寸，鞋号25码（40#），年龄25岁（本命年，北方城市是按虚岁计算），当日购物25元以上者都是幸运顾客。

方案3：激情狂欢夜，吃喝玩乐一起来

• 活动主题：激情狂欢夜，吃喝玩乐一起来

• 活动时间：12月26日

• 活动支持：活动所需食品、饮料、酒类均为指定商品，由各供应商支持服务台专门开辟一处场地，用来放置顾客点歌的设备，准备卡拉OK设备一套

• 活动方式：

1. 凡当日消费满25元的顾客，凭购物小票，均可免费品尝本店小吃部、酒水部的指定产品。

2. 凡当日消费满25元的男性顾客，凭购物小票均可免费参加本店酒水部举办的喝啤酒比赛。比赛前三名各奖励啤酒6听、圣诞蛋糕一只。

3. 消费者在购物时可为自己的亲戚、朋友现场点歌，所点歌曲由店内广播播出。

方案4：悬赏捉拿天下有“信”人

- 活动主题：悬赏捉拿天下有“信”人
- 活动时间：12月30日
- 活动支持：手机号码一个
  奖品10份（由供应商支持）
- 活动方式：

从24～26日开始征集“最有趣，最幽默，最时尚”的短信若干条，每天在超市“特价商品报告区”进行“张贴”，最后在30日评出前10名优胜者，给予奖励。

圣诞节促销经典2案例

案例1：“黑豹”体育用品专卖店“三级跳”

作为一家高校附近的体育用品专卖店，“黑豹”的主要顾客是在校大学生和各种热爱运动的年轻人。它曾进行了一次名为“三级跳”的抽奖促销活动。

促销策划案

主办单位："黑豹"体育专卖店

活动目的：利用寒假和圣诞节即将到来之际，主要面向年轻学生推出抽奖促销，制造一次销售"高潮"

活动对象：所有广告受众

活动内容：

在促销活动期间，凡在该店购物达100元以上者，均可参加抽奖活动。活动设一、二、三等奖，奖品分为寒假回程机票1张（或现金500元）、丁丁迪斯科广场"缤纷圣诞夜"门票2张和运动休闲帽1顶。

抽奖办法是：销售现场设3个抽奖箱，各装有3个、10个、20个乒乓球，每个箱子里都有一个黄色的球（仅有1个）。购物超过100元者从有3个球的箱子开始，抽中黄球者即获三等奖，同时也可放弃奖品选择继续向下一个抽奖箱迈进的机会。

如果幸运的话可以连过三关，直至从20个球的箱子中抽出黄球，赢得一等奖，获得寒假回程机票1张或现金500元。

◉案例评析

这次促销活动不但其奖品——运动休闲帽、圣诞夜迪斯科广场门票、寒假回程机票对目标顾客有较强的诱惑力，而且游戏的规则也颇具挑战性，是选择奖品还是放弃手中的奖品而向更大的奖项进发，对年轻人来说确实有较强的刺激和吸引力，因而这是一种能有效地吸引目标顾客前来购物的抽奖方式。

特别点评

这一促销活动方式简单明了，使消费者很容易理解，这一点对于促销来说十分关键，复杂的促销方式只会降低消费者参与的热情。奖品当场兑现，不但易于激发正在购物的顾客现场的购物欲望，对于"黑豹"体育用品专卖店来说，活动本身的操作也简单易行，在许多促销方法中，这一方法可以说是上上之选。

案例2：“百事可乐”摇钱数

一个好的活动名字，实际上是吸引消费者进一步关心活动内容的重要前提。“百事可乐”公司曾于春节期间在上海举办了一次名为“摇钱数”的有奖促销活动。这次活动的名字非常具有吸引力，使人情不自禁地联想到金光闪闪的摇钱树。

促销策划案

主办单位：上海百事可乐饮料有限公司

活动目的：以类似“买彩票”的形式刺激消费者的购买欲望，实现扩大销售的目的

活动对象：上海市民

活动内容：

在活动期间凡购买“百事”的系列产品（七喜、百事、美年达等）均有机会赢得5000元或500元的现金奖，并有大量赠饮机会。

活动举办者逢周一至周五晚8:20于上海电视台14频道，每天公布1个中奖号码，并于次日刊登在《新民晚报》上，消费者收集产品瓶盖或拉环，只要上面所印的号码与中奖号码相符即可赢得相应的奖金。

实际上瓶盖或拉环内有3组数字，一组是对奖号码，另一组是奖金金额，还有一组是企业为控制活动设置的特殊密码。

◉案例评析

本例是一个“天天都能创造惊喜”的即开即中式抽奖促销方式，只要保留瓶盖（拉环），收看电视、报纸持续2个多月，天天都有中奖的机会。这一方法的最大优点在于：

消费者感觉兑奖机会很多（实际上，兑奖概率均已事先核算过，控制在相应数额内）。这种感觉上的偏差，会导致消费者有兴趣积极参与这一活动，等待每次公布的“摇钱数”。

特别点评

广告宣传和抽奖活动开展的时间，正是饮料销售最“冷”的季节，百事可乐公司的广告和促销活动，在这时候几乎没有什么竞争对手。而且这段时间休假多，很多人有时间在家里看报纸、看电视、听广播，抽奖广告收视率高；同时广告宣传力度大，使这次活动家喻户晓，人人皆知。

本活动的名称设计上也别具一格，“摇钱数”让人联想到“摇钱树”，迎合了人们希望中奖发财的心理，与活动内容也很贴切。百事可乐公司很善于在活动的名称上动一番脑筋，又如其曾经举办过“爱拼就会赢”等活动。

你问我答（相关知识链接）

制定促销预算的4大常用方法

◉方法1：量力支出法

是根据店铺财务的承受能力，来确定其广告促销预算的方法，即店铺策划者在编制广告促销预算时，将所有其他不可避免的投资和支出除去后再来确定促销预算的具体规模。

温馨提示

店铺在做促销预算时，要充分考虑店铺需要花多少费用才能完成销售指标。因此严格来说，量力支出法在某种程度上存在着片面性。

◉方法2：销售额百分比法

即促销策划者以一定时期内销售额的一定比率，计算出广告促销总额的方法。这种方法是运用范围最广的广告促销预算编制方法。同时，根据计算内容、形式的不同，销售额百分比法可细分为以下两种：

- 上年销售额百分比法：即根据上年本店铺的商品销售额的一定比例，来确定今年的广告促销开支。
- 下年销售额百分比法：即根据下一年预定要达到的商品销售额的一定比例，来确定今年的广告促销预算。这种方法实际上与店铺的销售计划密切相关。

◉方法3：竞争均势法

指店铺按照竞争者的促销开支来决定本店铺促销开支的多少，以保持竞争上的优势。

采用竞争均势法的前提是，要调查主要竞争店铺的广告促销费的数额及其市场占有率，计算竞争店铺单位市场占有率支出的广告促销费数额。计算公式为：

$$广告促销预算=\frac{竞争店铺广告费用}{竞争店铺的市场占有率}\times 本店铺现有市场占有率$$

$$=\frac{竞争店铺广告费用}{竞争店铺的市场占有率}\times 本店铺预期市场占有率$$

温馨提示

- 如果要维持本店铺现有的市场占有率，则可确定出与竞争店铺保持在同一水平的广告促销预算。
- 如果要扩大市场占有率，则要在竞争店铺广告促销费占其市场占有率百分比的基础上，再结合本店铺的预期市场占有率，就可以定出强烈冲击主要竞争店铺市场占有率的广告促销预算。

◉方法4：目标任务法

这是店铺的策划者通过确立其特定的广告促销目标，决定取得这些目标要完成的任务和估计完成这些任务的成本来确定其促销预算的方法，这些成本的总额就是预计的促销预算。

温馨提示

目标任务法的侧重点在于对市场和商品进行彻底的调查、分析。只有在此基础上确定的广告促销预算才是准确可靠的。目标任务法的缺点，是没有从成本的观点出发来考虑某一促销目标是否值得追求这个问题。

如果企业能够先按照成本来估计各目标的贡献额（即进行成本效益分析），然后再选择最有利的目标付诸实现，则效果更佳。实际上，这种方法也就被修正为根据边际成本与边际收益的估计来确定广告预算。

第 23 章　××周年纪念促销

周年纪念的促销分析

多数的零售企业或专卖店均会选择在 11 月、12 月举办周年纪念或周年庆活动，目标在 10 天左右，花费将近全年促销费用的 20%，创下接近一年销售额的 10% 的业绩。

周年纪念

有句公关格言："公众是健忘的"。缘于此，一个企业或其他社会组织必须经常有意识地选择一些契机举办专题活动，借以维系与其公众的良好关系，提醒公众注意自己的存在，从而为事业的持续发展营造一个和谐的内外环境。

对企业而言，开展"周年纪念"活动就是在提醒公众：请注意我的存在，请关注我的发展。

首先，周年纪念就好比企业过"生日"，通过周年纪念，可以塑造企业形象和弘扬企业文化。

其次，周年纪念和开业庆典、节假日一样，也是开展促销活动的大好时机。

因此，"周年纪念"这一借助"造节促销"来拉动销售，达到商家促销目的的方式，已经得到越来越多的企业的重视。

一般情况下，企业在举办周年庆时，会推出各种促销活动，如每日一物、限时抢购、折扣加满额送、独家魅力商品、卡友独享价、楼层推荐商品、超值精选商品等。展示场为冲刺业绩，还会举办高单价的黄金珠宝展。

另外，企业在举办周年庆时，总希望办得热热闹闹，把卖场气氛炒热，比如请乐队、旗队作表演，或者举办拉拉队动感秀、舞龙舞狮助阵、热歌劲舞联欢会、狂欢摇滚之夜以及超人气偶像签售等活动。

周年纪念促销2方案

方案1：店庆2周年，感恩大奉送

- 促销主题：店庆2周年，感恩大奉送
- 促销时间：11月1日—11月19日
- 促销目标：以店庆感恩回报为主题，紧紧抓住本店的忠实顾客，发展“会员”顾客，并进一步加强关系营销，密切门店与顾客的关系，增加顾客忠诚度
- 促销形式：礼品赠送、抽奖促销、凭证购买
- 促销对象：所有顾客
- 促销内容：

促销POP

店庆2周年，感恩大奉送

亲爱的新老顾客：

同喜同贺，共度两春秋。为感谢新老顾客2年来对本店的大力支持，在本店2周年店庆之际，特推出“感恩大奉送”大型庆祝活动。活动详情如下：

1. 感恩欢乐送（11月1日—11月15日）。

凡在本店购物满29元的顾客，均可凭购物小票领取价值3元的礼品1份，满58元即可领取2份，领取礼品最多不超过3份。

同时，请在服务台进行登记，加入感恩榜，共享11·19店庆幸福时光。

2. 感恩“连连跳”（11月16~1月19日）。

滴水之恩，涌泉相报。为感谢广大顾客的支持与厚爱，本店特精选5款超低价商品：无籽西瓜0.5元/斤，每人限购2个；荔枝2元/斤；辣椒0.3元/斤；娃哈哈非常可乐1元/听（335毫升），每人限购2听；汰渍洗衣粉（650G）2.5元/袋，每人限购一袋。

3. 同喜同贺得大礼（11月19日）。

凡11月19日生日的顾客，凭本人身份证即可到本店服务台领取价值50元的精美生日礼品一份，同喜同贺，幸福共享。

4. 感恩榜，幸运奖（11月19日）。

11月19日，在本店门口将设立“感恩榜”，所有在本店服务台登记的顾客都将荣登此榜。“感恩榜”上有名的顾客于11月19日可领取价值3元的礼品一份和会员卡一张。

同时，本店还将从忠实顾客感恩榜中公开抽取幸运奖8名，各奖价值50元礼品一份。

同喜同贺，幸福共享。××店真诚期待你的到来！

活动时间：11月1日—11月19日

◉方案操作说明（供促销策划与执行人员参考）

1. 店面门头设计：制作一大型横幅，主题为“欢庆2周年，感恩大奉送”。

2. 设计制作“感恩榜”，以红色为底色，格调要庄重、大方，让上榜的顾客有荣誉感。

3. 整个店铺要布置得喜庆、欢快，可用大型海报、广播、吊招及气球、彩带、花束等进行装饰。

4. 活动所赠送的礼品可与厂家直接订购，也可选择店铺库存商品代替，但必须是能够吸引消费者的产品。

5. 礼品可以统一放置在服务台，顾客凭购物小票或身份证件领取礼品时，服务台要及时登记备份。

6. 低价促销商品需提前与供应商订购，或者与供应商合作进行相关促销。同时，这些商品要准备充足，以免出现断货。

方案2：名动京城周年庆，灵机妙趣奖不停

- 促销主题：名动京城周年庆，灵机妙趣奖不停
- 促销时间：11月11日—11月20日
- 促销目标：以满百送活动为主线，配合创新营业项目推广、简单有效多样的现场活动，热烈的流行色彩及活动气氛布置，达成销售目标。
- 促销形式：满百送、抽奖与场外活动相结合
- 促销对象：所有顾客
- 促销内容

促销 POP

名动京城周年庆，灵机妙趣奖不停

亲爱的新老顾客：

感谢您在过去的365天中对我们的支持与厚爱，更感谢您在××周年店庆时的光临惠顾。滴水之恩，涌泉相报，为回馈您的信任与厚爱，我店特别推出如下活动：

1．满200送50（11月11日—11月20）。

凡于活动期间，在我店购物累计满200元的顾客，均可凭购物小票获赠50元抵用券。满400元送100元抵用券，依次类推，多买多送，上不封顶。

2．抵用券存根联变现金。

顾客获取本店抵用券后，将抵用券存根联投入抽奖箱内即可参加抽奖。本店将于每晚19:00由公证处人员在抽奖箱内抽取50张抵用券存根联，并于次日上午公布中奖抵用券号码。

顾客凭抵用券流水号可至服务台领取现金100元。

3．场外大型活动：

11月11日上午10:00—11:30、下午15:00—16:30，在本店门前主广场上演舞狮表演，共度喜庆周年。

11月11日与12日晚19:00—21:30，在本店门前广场将举办大型周年庆激情音乐会。

4．感恩老顾客，旧卡换新卡（11月11日—11月20日）。

活动期间，凡持本店首期VIP会员卡的顾客，均可至总服务台兑换新年度的VIP卡。换VIP卡的顾客可享受积分返利、卡友特招会、卡友生日会、购物赠礼等特权。

业主和员工持有的VIP卡可兑换新卡，享受购物折扣，但不可参加积分返利等特权活动。

5. 庆周年，尊贵共分享（11月11日—11月20日）。

凡周年庆活动期间，当日购物累计满800元的顾客，可免费申领VIP会员卡一张，同时享有积分返利、卡友特招会、卡友生日会、购物赠礼等特权。

诱惑如此难挡，何不欣然接受。××店真诚期待你的到来！

活动时间：11月11日—11月20日

◉方案操作说明（供促销策划与执行人员参考）

1. 满百送活动规划

• 凡参加本次活动的厂家一律使用四联缴款单，不参加本次活动的厂家使用三联缴款单。

• 不参加活动的厂家须在柜台上张贴POP，告知顾客不参加活动并不使用抵用券，但应鼓励其参加活动。

• 顾客凭当日有效缴款凭证至兑奖台领取抵用券，兑奖处工作人员审核并加盖“奖已发”章，注明抵用券金额，顾客购物金额，小票张数后将客户联或发票返还给顾客。

2. 抽奖活动规划

• 抽奖活动的中奖号码于次日上午10:00公布，中奖顾客可凭抵用券副联、身份证、购物顾客联或发票进行兑奖，兑奖时需填写详细个人资料。

• 兑奖台人员在顾客的顾客联或发票上盖“奖已发”章，并审核顾客的详细资料后方可予以兑奖。晚上下班后，兑奖台人员须将当日兑换的存根联和副联贴于纸上，做出相应统计。

• 现金管理：兑奖台工作人员每日上午8:00至财务部领取现金10000元，次日上午10:00前将前日现金发放汇总表交财务部审核。

3. VIP旧卡换新卡活动规划

- 活动前，企划部将制作好的VIP卡转财务部，由财务部统一写卡，现场管理部至财务部领取VIP卡，交付总服务台人员。
- 活动期间的VIP卡管理由总服务台人员现场管理，活动结束后由企划部和财务部共同审核。
- 顾客凭本店旧VIP卡至总服务台换取新VIP卡，总服务台工作人员应先让顾客详细填写VIP卡申请表。
- 填写完毕，总服务台人员审核并收回顾客旧VIP卡，将新卡返还顾客并赠送顾客VIP卡章程一份。
- 每日活动结束，由总服务台人员将当日返还VIP卡的数量及顾客资料进行统计、审核。审核后于登记表审核栏签名。若存在问题，需详细说明错误内容，并会同企划部、财务部核查。

4. 本次活动特别提示

严禁本公司员工以任何形式替顾客领取抵用券。严禁私留顾客购物客户联、电脑小票及兑奖联，一经发现，即处以抵用券金额5倍以上罚款，情节严重者呈报总经室给予处分甚至除名处理。

5. 费用预算

- 抵用券印制成本：10000份×0.1=1000元。
- 防风门上方周年庆标志雕刻：5000元。
- 墙面喷绘周年庆标志雕刻图案4000元。
- 观光电梯楼层图：1000元。
- 周年庆流行气氛布置：8000元。
- 舞狮表演：3500×3=10500元。
- 音乐会：2800×2=5600元。

周年店庆促销经典3案例

案例1：雅芳欢乐周年庆，三级跳出大惊喜

“雅芳”是全美最大的500家企业之一，并已悄然入住中国十几年。在雅芳12周年庆时，雅芳（中国）公司曾特别推出了以“欢乐周年一起来‘蹦

极'”的购物“三级跳”精彩促销活动。活动声明，顾客只要冲破“蹦极”极限，就可满载而归。

促销策划案

主办单位：雅芳中国总代理

活动目的：通过周年庆这个“自造”节日和相关活动，巩固其市场份额，提高产品销量，提升市场知名度

活动对象：所有购买“喜悦”洋参的消费者

活动内容：

在雅芳入住中国的第12个年头，即12周年庆期间，雅芳（中国）公司特别推出“欢乐周年惊喜三级跳”的优惠促销活动。具体内容如下：

1级跳：轻松买满60元得1张标签，再加1元，即可随意挑选2款经典香露中的1款；

2级跳：购物满120元得2张标签，再加1元，可在俏冬季套和暖帽中随意二选一；

3级跳：购物满240元得4张标签，再加1元，即可获得时尚围巾1条。

◉案例评析

雅芳这次周年庆活动，不仅提升了雅芳的品牌形象，而且大大提高了其产品的销售量。据雅芳的促销小姐介绍，她们的产品销售量比以前提高了几倍，赠品也供不应求，还得不断进货。那么，雅芳成功的原因何在呢？

1. 借助周年纪念做文章

雅芳在消费者心中是个有质量保证的老品牌，借助这次周年节庆举办促销活动，不仅可以巩固老顾客的品牌忠诚度，更以极其优惠的价格和赠品吸引顾客的参与，扩大了其品牌的知名度，提高了产品的销售量。

2. 赠品具有极大的吸引力和价值

手套、暖帽、围巾等色彩时尚、俏丽，令佩戴者非常亮丽，独具风味；赠品时效性强，价值不菲，能恰到好处地满足女性的需求，对消费者具有极大的诱惑力。

3. 以“月”为单位的独特营销方案

“雅芳”每个月都会推出新产品，并对几项品牌进行重点推荐，再对部分产品给予低折扣，对上市时间较长的个别产品给予全年最低价，售完即止。活动不仅有利于新产品的推广，而且带动了旧产品销量的提高，从而取得了显著的销售效果。

案例2：“宝洁”产品十年奉送

宝洁（中国）公司成立10周年大庆之际，集结旗下13个品牌的产品举办了大型抽奖活动（超过1万个中奖机会，奖金总额超过200万元），以回馈消费者。在为期3个月的活动期间，消费者购买任何一种“宝洁”产品，只要填妥刊登在广告上的抽奖表格，连同所购产品的发票（收据或购物单）寄往宝洁公司，均可参加抽奖。

促销策划案

主办单位：宝洁（中国）公司

活动目的：把宝洁公司10周年的庆祝活动变成一次大型的促销活动

活动对象：广大购买宝洁产品的消费者

活动内容：

凡购买任何一种宝洁产品，并填写抽奖表格，就有机会参加抽奖活动，中奖机会为11420个，奖金总额超过200万元。本次抽奖活动特设：

一等奖60名，各奖10年使用量的“宝洁”产品或5000元；

二等奖60名，各奖6年使用量的“宝洁”产品或3000元；

三等奖300名，各奖2年使用量的“宝洁”产品或1000元；

四等奖1000名，赠1年使用量的“宝洁”产品或500元；

五等奖10000名，赠一套宝洁产品或100元。

◉案例评析

在本例中，不论消费者购买何种品种、何种规格、何种价值的宝洁公司产品，只要购买1件就能参加抽奖，这样就省去了分品种参加抽奖所引发的不必要的麻烦，便于消费者参加活动。

其次，“抽奖”这种形式本来就有一个概率问题，并不是消费得越多，就肯定能中奖，很可能最后的中奖者并不是产品最大的消费者。

案例3：“肯德基”纪念套卡收集大行动

在“肯德基”进入上海的第10个年头，上海“肯德基”利用“10周年纪念”这个“自制”的节日，相继推出“持卡共享新美味，集卡同庆10周年”和“有刮就有奖，10年共分享”两大周年庆典活动。

促销策划案

主办单位：“肯德基”上海分部

活动目的：利用10周年庆典推出的促销活动，吸引消费者到“肯德基”餐厅就餐

活动对象：所有到上海肯德基各餐厅就餐的市民

活动内容：

肯德基公司为纪念“肯德基”进入上海10周年，而特别制作了1套以“肯德基10周年纪念套卡”为主题的明信片。该明信片每套30元，共计6款。

消费者凭借每套明信片上的剪角，可在上海任何一家肯德基餐厅消费价值30元的食品。同时，该明信片可以“让您写下美好的心愿，传递衷心的祝福”。如果集齐一套6张，拼成一幅肯德基10周年欢乐图，置入镜框收藏，更是别有情趣。

随后，肯德基公司又推出“有刮就有奖，10年共分享”活动，活动规定：

凡购买肯德基公司10周年纪念卡1张，即可获赠刮刮卡1张，有刮就有奖，中奖率100%。奖品分别为VIP购物卡、折价券、精美水杯、时尚T恤、帽子、饮水机等，总数超过11万份。

◉案例评析

一张小小的明信片能吸引多少顾客的眼球呢？然而，这正是“肯德基”的高明之处：它每次设计制作的赠品，都针对肯德基的主要消费群——少年儿童。

同样，这套明信片的设计绚烂别致，在“大人们”眼中可能一文不值，但却可以成为孩子们心中的精品。而且，此次活动的纪念卡可谓一卡多用，既有收藏价值，又可以传递感情，还可以作为优惠券使用。

当然，肯德基并未满足于此。为了进一步向成年人推销这些“一文不值”的纸片，“肯德基”又推出了买卡刮奖的联动式促销，用实用又实惠的奖品套住成年人的消费欲望。

特别点评

在如何通过设计独特、吸引产品目标群的赠品，来套牢消费者的购买欲望方面，“肯德基”和“麦当劳”可谓其中的佼佼者：

买1组套餐就可得到1件玩具，这种玩具是定做的，往往由几种、几十种不同的部件组装而成，颇具收藏价值，并时时推陈出新。

因此，一个小孩子要想得到一套完整的玩具，没有几次、十几次的光顾是不能如愿的，这就使得麦当劳和肯德基公司能够轻松获得持续稳定的顾客。

你问我答（相关知识链接）

促销POP的4大类别

每一张POP（海报）就像是一位尽忠职守、默默奉献而不必支付工资的推销员，只要善加运用，就可以使其清楚而完整地传达每位顾客所需产品的信息、销售价格、使用方法等。

1．店面宣传 POP

店面宣传 POP 一般起着吸引顾客、烘托气氛、造热卖场、告知顾客促销活动内容的作用。这类 POP 必须配合店外装饰一起起到营造热卖氛围、吸引路过顾客的作用。

案例

某商场通过甩卖通知 POP、抽奖活动 POP 等，直接告知顾客所经营的商品种类、特价商品的价格，如同催促顾客快来购买一样；这在心理上给顾客造就了一种比较容易进入、价格低廉、有便宜可捡的感觉。

2．店内宣传 POP

店内宣传 POP 又可分为区域性宣传 POP 和店内宣传单两种。区域性宣传 POP 主要用于某个特定的区域内的促销宣传；店内宣传单是在店内使用的小型 DM 单，多用于配合具体的产品、活动，也可以多张组合张贴，烘托室内销售气氛。

温馨提示

室内宣传单要标明磁石商品、特价商品及促销活动的细则及在卖场的位置，便于顾客找到。多贴于主通路或顾客不易错过的地方，或者放于电梯口及顾客必经的通路口，随便取阅，一般不在店内派专人分发。

3．引导型 POP

引导型 POP 有两种形式：一种是引导顾客的 POP，指卖场行走路线的指引 POP，一般用于指引收银台、服务台、包装区、卫生间等的位置。

另一种是商品选购的 POP，相当于导购，一般是分区设置，最通用的方法是在天花板垂挂指示牌，便于顾客以最快的速度找到自己想要的商品。

4．商品 POP

商品 POP 包括商品标价牌，特价、磁石商品 POP，畅销商品 POP，推荐商

品 POP，滞销商品 POP 等，是对商品价格、特性等的指示说明。

温馨提示

1. 标价牌的信息除了商品信息、生产信息外，最主要是根据商品的特点及促销的重点突出其卖点。

2. 特价、磁石类商品 POP 要求要尽可能大，尽量多，同时要突出重点；因其毛利率低，主要靠它聚集人气，烘托卖场。

3. 推荐商品及畅销商品既考虑价格又要考虑品质，是靠其赢利的大部分商品，这类 POP 可以阐明品质优秀的特点，在价格上，也要满足消费者的心理，通常的做法是把原价划去，在旁边写上现价，或节省的百分比。

4. 滞销商品 POP 一般指甩卖 POP，这类 POP 可以在上面写明甩卖的原因，以增强消费者出手时的信任度。

促销 POP 的制作与摆放

当 POP 广告仅仅是用来促进销售的时候，多数是由超市经营者自己来操作，所以一般都较为简单，从而形成手绘 POP 的形式。手绘 POP 的制作一定要遵循醒目、简洁、易懂的原则：

- **纸张**

色彩的使用要恰到好处，突出季节感，如春天可以使用粉色调；夏天可以使用蓝、绿色调；秋天可以使用橙、黄色调；冬天则可以使用红色调。

- **书写**

所选字体一定要极具亲和力，字体颜色搭配要合理，字体大小及颜色轻重要与促销活动的重点一致。

- **内容**

简洁易懂。其措词风格应该直接反映商品特性、用途、面对的消费者群体特点，比如儿童玩具类的 POP 广告应该活泼可爱。

当然，POP 广告的摆放是否具备科学性，将直接影响到其使用效果，因此，在 POP 广告设置过程中需要注意以下几个方面的问题：

• 高度合适

悬挂式POP，悬挂高度既要避免因距离商品太远而影响促销效果，又要防止遮挡消费者的视线；张贴式POP，张贴的高度在距离地面70～160厘米的高度范围内比较合适。

• 数量适中

POP广告并非越多越好，数量过多的POP广告会让人产生厚重感、压抑感，遮挡通道内消费者的视线，影响购物心情，产生适得其反的效果。

• 时间恰当

POP广告上设置的时间要与促销活动时间保持一致。过期的POP广告要及时清理掉，以免给消费者造成消费误导。

• 摆放合理

如果要把POP广告放在橱窗或者货架上，要避免遮住商品；如果把POP广告直接贴在商品上时，要注意POP广告的尺寸不能比商品本身还大，一般应该粘贴在商品的右下角。

• 及时更新

POP广告在使用过程中需要保持清洁整齐，如果有撕毁现象，应及时更换或擦拭一新。

第 24 章　造节促销

造节促销之商机分析

逢年过节，消费者的购买欲最容易被煽动，而这种消费习惯也促使商家挖空心思，想出各种各样的理由来拉动销售。于是，在节日较少的日子，根据市场热点造节就成为商家拉动销售的利器。商家造节的目的就是吸引消费者集中消费。

何谓“造节促销”

对商家而言，节日意味着销售额的显著提高，他们希望天天都是节日，而一年中的节日又太少了。随着竞争的加剧和促销方式的创新，“造节”开始成为一种应用广泛、效果显著的促销手段。

常见的“造节促销”有：空调节、冰箱节、手机节、厨卫节、彩电节、啤酒节、服装节、家装节、购物节、百货节、××精品展销会、××博览会，还有借助各种地方节日开展的促销活动，如保定的“桃花节”、宣化的“葡萄节”、潍坊的“风筝节”等。

那么，借助种种风俗习惯、地方胜景、名优特产甚至历史传说而造出的“节”，对销售能有多大的拉动作用呢？

因为“物美价廉”是普通消费者永恒的追求，因此借助任何名义而造出的“节”听似与价格无关，但商家随时把握百姓消费心理并调整其战术的特点，决定了“造节”一定会与降价直接相关，即与普通消费者的永恒追求——“物美价廉”密切相关。

又因为“造节促销”推出的大幅让利及套餐购物，会让消费者得到实实在在的实惠，因此越来越多的消费者也确实乐于接受这些额外的节日。而事实上，无论是冰洗节、空调节、彩电节，还是各种周年庆典，每个节日也都有针对性地把价格拉下来，进而吸引消费者。

当然，对于家电等耐用消费品而言，这种以单一的打折降价为手段的造节行为将会在消费者心中形成一种不降价不购物的消费心理，不利于商家长远的利益。

因此，家电等耐用消费品的营销必须建立在特色营销、差异化运作、贴心的服务和让人满意的商品质量及无可挑剔的购物环境等基础之上，才能在竞争中战无不胜。

造节促销2方案

方案1：××美食节——欢乐美味5元尽享

- 促销主题：××美食节——欢乐美味5元尽享
- 促销时间：4月15日—4月30日
- 促销目标：借助“美食节”这一自创的节日，吸引消费者，提高食品部的销售业绩
- 促销形式：购物满××元享受××待遇
- 促销对象：所有顾客
- 促销项目：指定商品，以食品为主
- 促销内容：

促销POP

××美食节——欢乐美味5元尽享

亲爱的顾客朋友：

本店与全国上百家知名食品企业共同举办的第二届“××美食节”又和您见面了。应广大顾客朋友的要求，本次美食节特别推出如下几大类食品：

饮品类：果蔬、可乐、活性乳、咖啡、水、碳酸、红茶等系列饮料、保健饮品及各种酒类。

调料类：沙拉酱、柚子醋、鱼精、寿司醋、味精、芥辣、芥末酱、海鲜素、咖喱沙司、汤料、菜泥、火锅汤、胡椒粉、海鲜素、生菜酱、炸酱、大豆酱、麻油、料理酒等。

罐头类：鸡肉、海鲜、金枪鱼、蘑菇、芦荟、海螺肉等系列。

小食品类：牛乳饼干、膨化食品、红茶蛋糕、巧克力蛋糕、夹心酥、蛋糕卷、牛奶棒、威化饼、奶油棒、芝麻饼、麦片和苏打饼等。

糖果类：乳酪、红茶、薄荷、润喉、胶豆、玩具、苏打、杏仁、棉花、棒棒糖等。

其他类：咖啡糖果冻、鱼肠、蛋卷、干脆面及速食系列商品等500余种商品。

另外，凡在本超市购物满100元的顾客，凭购物小票和5元现金，即可尽情品尝本次“美食节”展销的各种美味佳肴（限单张购物小票单人品尝）。

活动时间：4月15日—4月30日

◉方案操作说明（供促销策划与执行人员参考）

• 本方案所需的促销工具包括：

宣传工具：宣传海报、POP、店外大型看板以及促销宣传单等，有条件的主办单位可以适当选择报纸、电台和电视做一定的媒体宣传。

氛围布置：氛围布置必须到位，包括堆头陈列、造型陈列、现场展售、背景音乐以及人员促销等，一定要打造出一个与平日不同的“食品大联展”式的卖场氛围。

品尝设置：顾客凭购物小票和5元现金来品尝的美味小吃，必须整洁、卫生，可在各个售卖专柜设置品尝场所，也可单独开辟一处品尝各种食品的专用场地。

既然是“美食节”，商家就会请来一些厂商和生产企业助阵，但在“助阵”的过程中，必须把握好以下几个关键点：

1. 参展企业必须有工商营业执照，食品卫生许可证，现场操作人员有健康证。

2. 参展单位进场的物品应列明进场清单，经保安确认签章，退场时凭进场清单开出门条放行。

3. 参展人员须佩戴参展证，服装整齐。

4. 参展单位应服从现场管理处管理，现场设广播室，各单位不得私设喇叭招客。

方案2：走进××家电节，惊喜大礼送不停

- 促销主题：走进××家电节，惊喜大礼送不停
- 促销时间：6月5日—6月10日
- 促销目标：借助“家电节”吸引客流，提高家电产品的销售量，提升品牌知誉度，树立卖场在消费者心中的良好形象
- 促销形式：礼品赠送与现金返还
- 促销对象：所有达到购物要求的顾客
- 促销商品：所有家电商品
- 促销内容：

促销 POP

走进××家电节，惊喜大礼送不停

亲爱的顾客朋友：

逛商场，购家电，好玩好看更方便——欢迎广大顾客朋友光顾××家电节，欢乐购物，惊喜大礼等你来！

一重惊喜：先来有“礼”

凡在6月5日、6日两天购买空调、冰箱、彩电等大型家电的顾客，均可获赠超值大礼，好礼让您选：

1~10名，送消毒柜、微波炉、落地扇等；

11~20名，送精美茶具或餐具一套；

21~40名，送沙滩椅或空调被一份；

41~100名，经济实用小礼品（价值10元）。

二重喜：购物返现

活动期间，顾客凭当日购物发票均可参加本次家电节返现特别大酬宾活动。凡摇出的号码为双数，均可参照以下标准返现（双色球不参加活动）：

满1000元，送50元；

满2000元，送100元；

满4000元，送200元；

满6000元，送300元；

满8000元，送400元；

满10000元，送500元。

另外，在活动现场，还有全国各大家电品牌商举办的各种趣味小游戏和“质量承诺签字活动”，让你在购物的同时，更能开心快乐地赢取惊喜大奖！

活动时间：6月5日—6月10日

◉方案操作说明（供促销策划与执行人员参考）

在“家电节”进入倒计时阶段，活动执行人员必须开始对各项工作进行准备，保证活动顺利进行，并对以下各项工作进行检查和改进：

1. 场地准备

确定“家电节”活动场地，尤其是活动期间户外活动的展示、搭台，必须提前做好。

2. 物料准备

根据“家电节”活动的规模，提前准备好相应的宣传物料，如产品宣传单、促销活动单页、促销横幅、促销礼品、宣传海报、奖品等。活动前两天，确定物料是否到位。

3. 陈列、上货、宣传品、POP等的布置工作

应在“家电节”前一天晚上做好，避免活动当天匆忙去做，更不要在活动高峰期做，以避免引起现场混乱，给活动造成不便。

4. 人员准备

确定活动现场指导、派单员、产品促销员。在确定相应人数后，应和当地厂商确定相应的联系人员，做好商品、宣传货料、赠品的随时调、补货准备。

5. 做好与厂家的沟通

为保证活动能够达到预期效果，可请厂家人员对导购、促销人员做一次产品专业知识的培训，以取得厂家的积极支持。

温馨提示

活动期间，导购、促销人员、商场督导、策划执行负责人均需提前到岗，再次确认准备工作到位，整理广告宣传品、陈列及标价。策划执行负责人全程跟进，了解准备不足和方案欠妥之处，及时调整改善，并对促销人员进行现场辅导。

造节促销经典3案例

案例1：选择伊丽，选择个性——伊丽卫浴送惊喜

伊丽卫浴为迅速打开宁波市场，吸引顾客的注意力，曾在宁波展览会这个宁波人“造”出的节上，开展了一次有声有色的“伊丽卫浴送惊喜”活动。短短几天内，这一活动就帮助伊丽卫浴的经销商和厂家打开了宁波这个大市场。

促销策划案

主办单位：伊丽卫浴宁波经销商

活动目的：借助宁波展览会的销售热潮，开拓宁波市场，让顾客认识伊丽、了解伊丽、选择伊丽

活动对象：所有参加展览会的消费者

活动内容：

在这次促销活动中，伊丽卫浴的经销商经过精心策划，定出了“展览活动三重惊喜”的特别促销项目。这三重惊喜分别为：

惊喜一： 现场购买整套卫浴获5折优惠，现场购买单个产品获6折优惠，并获得VIP会员卡一张和参加4月18日在公司展厅开展的抽奖活动！

惊喜二： 选出你最喜爱的卫浴产品，提出你对该产品的建议，送VIP会员卡一张！限量100张！

惊喜三： 只要你有到公司展览场地填取表格，均有机会参加4月18日在公司展厅参加的抽奖活动！奖品丰富！

与此同时，伊丽卫浴还推出了大型送奖活动，其具体内容为：现场购买整套卫浴，在展览会活动结束后免费送货上门；现场购买单个产品，当天配送。

抽奖活动统一安排在4月18日中午的13:00，宁波专卖店门口。

◉案例评析

伊丽卫浴这次活动，其成功之处在于能够把握好时机，及时将品牌推出去，并让顾客认识自己。同时，在准备充足的情况下，伊丽卫浴与当地客户的积极联系，使现场气氛非常热烈。

特别点评

据说，伊丽卫浴为了这次“造节”促销，选择了2个形象颇佳的女大学生，在宁波博览会现场派发促销宣传单3000份，并对派发过程做了具体要求：派送时，派发人员要面带笑容，并对客人说：选择伊丽，选择个性，伊丽展览有奖送！

案例2：“可口可乐”红色足球热

可口可乐有限公司曾举办了一次“可口可乐红色足球热”的促销活动，凡成箱购买的消费者即可以获得礼品一份。同时箱内还附有刮刮卡，有机会赢取“可口可乐”足球等奖品。成箱购买赠送礼品和成箱附送刮刮卡使中间商也可以得到相当一部分实惠。

促销策划案

主办单位：可口可乐（中国）有限公司

活动目的：鼓励集团或大宗购买，同时也可以回馈渠道合作者

活动对象：所有大宗购买可口可乐的消费者

活动内容：

1. 凡消费者购买“可口可乐”塑料瓶包装1箱（24瓶500毫升、12瓶1.25升或6瓶2升）均可得到随箱附赠的礼品，包括台历、弹弹球或精美礼品。

2. 凡购买“可口可乐”易拉罐1箱（24罐355毫升），就可以获得2元抵金券一张，可在指定商场购买商品时使用。

3. 此外，每箱中还附有1张刮刮卡，有机会赢得“足球型电话”、“可口可乐足球”和“足球收音机”等奖品。

◉案例评析

在本例中，“可口可乐”公司是以箱为单位进行奖励的，无非是希望促进集团或大宗购买。另外这种方式也可回馈渠道合作伙伴，由于零星购买的消费者是无法得到需整箱购买才能得到的奖励，那么，这些箱内的奖品自然归于零售商了。

特别点评

其实，这个活动主要还是立足于“赠品促销”，至于其中再设的“刮卡抽奖”，无非是为了降低较大价值赠品投资的比例。

“刮卡抽奖”作为配角的作用将越来越成为未来市场促销活动设计的趋势，一方面由于“刮卡抽奖”作为主角，如果概率不高将越来越不具吸引力；另一方面，“刮卡抽奖”本身是一种颇节省成本的活动增强剂。

案例3：谁是“更娇丽”小姐有奖竞猜

作为“99'上海服装文化节”的重要组成部分——“1999上海国际时装摄影模特儿大赛”，获得了“更娇丽”减肥产品的赞助，“更娇丽”也围绕此项赞助活动开展了一系列的促销宣传工作，其中与消费者联系密切的就是“谁是‘更娇丽’小姐?”有奖竞猜活动。

促销策划案

主办单位：“更娇丽”减肥产品

活动目的：通过赞助活动提升品牌知名度，树立品牌形象，并通过与消费者一起评选品牌代言人而使其形象更受消费者的喜爱

活动对象：所有参与活动的消费者

活动内容：

“更娇丽”将活动预告刊登在报纸上，要求读者从参赛的20位模特儿中竞猜1名自己心目中的“更娇丽”小姐，填写在选票上，连同个人资料寄往指定地点。企业将从中抽取4个奖项的114名获奖者。奖品设置如下：

一等奖1名，奖励29寸彩色电视机1台（价值5000元）；

二等奖3名，各奖1套价值1000元的服装；

三等奖10名，赠获奖模特儿签名T恤1件及“更娇丽”俱乐部嘉宾卡1张；

四等奖100名，获“更娇丽”减肥茶1罐及“更娇丽”俱乐部嘉宾卡1张。

◉案例评析

这是针对年轻的女性消费群开展的一次文艺类公关赞助活动，旨在通过赞助，提升品牌知名度并树立良好的品牌形象。同时，“更娇丽”也期望能够通过与消费者一起评选其形象代言人，而使其形象得到更多消费者的喜爱。从一定意义上而言，这是一次比较成功的促销活动。

本次促销活动的不足之处在于，企业想通过活动吸引更多的目标消费者，却没有对活动参与者做出任何限制，而且企业并不需要参与者附上任何产品凭证。

试想，活动要送出 110 张“更娇丽”俱乐部贵宾卡，在活动结束后，企业还将举办一个俱乐部成立仪式兼首次联谊会，邀请持卡人参加，但如果持卡人（即竞猜的中奖者）是个并不需要减肥的男士，他也想来参加联谊会，企业是否欢迎？如果这样做又有多少意义？

归根结底，这个活动的设计者考虑欠周全。“更娇丽”至少应该在有减肥需要的目标消费群中开展这一活动，而且要做到这一点并不难。

你问我答（相关知识链接）

促销 DM 广告设计 3 要素

DM 是英文“Direct Mail”的缩写，即进行直接邮寄的广告。通过 DM 广告来创造顾客，是最为有效的营销方式之一。但在中国，由于 DM 邮寄广告有一定的难度，因此多数企业都采用直接派发宣传品的方式来运作 DM 广告。

在促销 DM 广告的设计中，最重要的是 DM 广告的形象、视觉效果、说服性的文字这些关键因素。由于 DM 广告的设计和策划不同，其产生的效果也会完全不同。

要素 1：DM 广告的形象设计。

企业的 DM 广告会体现企业的形象，如果人们喜欢企业的 DM 广告，就会连带着喜欢这家企业。许多企业为节约成本，不找专业人员设计制作 DM 广告，结果往往花了钱却没有效果。

因此，企业的 DM 在设计时，一定要能体现一种高品质且正规的企业形象，即一定要与企业形象相匹配。

要素2：DM 广告标题。

一般来说，标题比正文多5倍的说服力，所以应充分发挥标题的功能。促销 DM 的标题应包括促销主题、向消费者承诺的利益。

标题要新奇、有魄力，以便引导消费者阅读副题或正文，还要清楚地表达促销意图，使用适合于目标顾客群的语调，在情绪、气氛上要有冲击力。

要素3：DM 广告的视觉效果。

DM 广告的视觉效果主要由广告图案与色彩设计两部分组成，其中的图案是整个广告的重要组成部分，其目的包括两个方面：通过图案显露促销内容，通过图案引导读者阅读正文。

温馨提示

DM 广告的制作一般要求设计者必须具备以下几点素质：

- 了解顾客的需求和爱好，选择消费者喜欢或习惯、乐于接受的图案。
- 图案要突出主题，有利于表现商品的形象与特点。
- 平面图案要尽可能使用照片，以便勾起人们更多的需要和欲望。
- 色彩能增强图案的表现力，引起某种情感的共鸣，因此广告图案必须与色彩结合。

11 种常见的促销方法

随着促销手段的创新和促销竞争的加剧，节假日促销的方法越来越多，而且一个特定的促销目标，可以同时采用多种促销方法来实现。因此，应对多种促销方法进行比较选择和优化组合，可以实现最优的促销效益。

◉折价券（或代金券）

使用按面值兑换的折价券，可以对第二次消费给予优惠让利。

温馨提示

折价券应以简单的文字将使用方法、限制范围、有效期限、说明文案一一描述；面值是零售价 10% ~30% 的金额；同时要尽量避免出现误兑。

◉样品派送

即免费赠送样品供消费者试用。

温馨提示

派送样品以小包装、大众化、有独立品牌的日用品为最佳，成功的派送可使10%～15%的试用者变成固定顾客，而且其促销成本只有折价券的1/4。

◉附赠赠品

随所售商品附赠有价值的相关产品给顾客。

温馨提示

赠品要与售品有一定的关联，力求突出，具有购买吸引力和独立品牌，最好不要挑店铺正在销售的商品作为赠品。赠品活动不可过度滥用，否则会误导消费者该产品只会送东西，而忽略产品本身的特性及优点。

◉减价优惠

减价优惠至少要有15%～20%的折扣，并要有充分的理由，才能吸引消费者购买。

温馨提示

在进行减价优惠的促销活动时，要把商品的原价及减价后的现价同时标注，形成鲜明的对比，而且这种促销发放不宜频繁使用，否则会损害良好的品牌和店铺形象。

◉以旧换新

指消费者在购买新商品时，可以用同类旧商品代替部分货款换取新商品。

温馨提示

以旧换新的促销方法，可以有效消除旧商品对同用途产品形成的销售障碍，避免消费者因为舍不得丢弃尚可使用的旧商品，而不买新商品。

◉大拍卖及大甩卖

即商品以低于成本或非正常价格的方式来销售，是一种价格利益驱动战术。

温馨提示

对商家而言，大拍卖和大甩卖又是一种清仓策略。通过大拍卖或大甩卖，能够集中吸引消费群，刺激人们的购买欲望，在短期内消化掉积压商品。

◉印花累计促销

该类促销活动通常要求消费者在某一时间内收集 2 个以上印花标记（商标、标贴、瓶盖、印券、票证、包装物等），以换取免费赠品或折扣。

温馨提示

印花累计这种促销方式多用于时间较长的促销活动，但有研究表明，消费者对收集 3 个以上印花的促销兴趣不大。

◉竞赛与抽奖

即顾客在参与活动、购买商品或消费时，对其给予若干次奖励机会的促销方式。

温馨提示

可以说，竞赛与抽奖，是消费加运气并获得利益的活动。这种促销活动的其他形式还有很多，例如刮卡兑奖、摇号兑奖、拉环兑奖、包装内藏奖等。

◉酬谢包装

指的是以标准包装为衡量基础，在价格不变的前提下给消费者提供更多价值的一种包装形式。

温馨提示

酬谢包装式促销具体又可分为：额外包装、包装内赠、包装外赠和功能包装四种形式。具体采用哪一种方式要根据商品的性质和具体的促销活动来确定。

◉会员制促销

即经营者采用消费者入会，可享受内部优惠待遇的促销方式。

温馨提示

会员制一般列有明细的入会条款、受惠条款及需交纳一定的入会费用。会员享有购物权、消费权、保护权、服务权、折扣权等权力。会员制可以保留自己的基本顾客，使经营处于一种稳定状态。

◉组合促销

指的是将两种以上促销方式配合起来使用，以求达到更高效率的促销手段。

温馨提示

有些促销不便于有机组合，如无偿赠送与减价优惠，在促销时就不能强扭在一起。因此，在运用组合促销时，应选择不同方式进行合理的配置。或在不同阶段分开使用，使促销更具延续性和递进性。

◉与促销目标相配套的促销方法

- 提高品牌知名度，扩大潜在消费群——POP推广、竞赛、减价优惠、免费试用等。
- 提高人均购买次数——赠品，折价券，减价优惠，酬谢包装等。
- 增加人均购买量——折价券、减价优待、赠品、酬谢包装等。
- 保持固定的消费群——酬谢包装、会员制、印花累计等。
- 鼓励消费者进行品种的转换和尝试——样品派送、附赠赠品、以旧换新等。

销售促进目标与工具的对应关系表

销售促进工具 销售促进目标		POP	优惠券	样品赠送	折扣	竞赛	赠品	酬谢包装
短期效果	引起尝试	★	★	★	★	★		
	改变购买习惯	★			★			★
	增加每次购买量		★		★		★	★
	刺激潜在购买者	★	★	★		★		★
	增强中间商接受程度				★	★		
长期效果	提高广告形象				★			
	巩固品牌形象					★	★	

第 25 章　节假日促销执行要点

什么是促销？促销就是以合适的时间、在合适的地点、用合适的方式和力度加强与消费者的沟通，促进消费者购买的行为。因此，一次成功的节假日促销，必须有明确的促销目标，拟订正确的促销计划，选择合适的促销方法，并对其进行有效的执行和检讨。

明确节假日促销的 4 大目标

无论是日常促销还是节假日促销，其首要任务是明确促销的目标。促销目标不同，促销方式也不尽相同。所以，在制订促销计划时，首先要明确具体的促销目标，这样才能有的放矢，成功地实现既定目标。

◉目标 1：扩大营业额，增加来客量

店铺利用各种名义的节假日做促销，最直接的目的就是短期内迅速提高销售量，扩大营业额并提升毛利额。营业额来自来客数与客单价，店铺可以借助节假日的促销活动，稳定既有顾客并吸引新顾客，以提高来客数。

温馨提示

如果来客数短期内无法增加，或者顾客群过于集中，则促销的诱因可以促使消费者多购买一些商品或单价较高的商品，以提高客单价。同时，促销还可以刺激没有购物计划的游离顾客形成购买行为。

◉目标 2：提升企业形象

店铺也常常借助一些特殊的节假日促销活动来提升企业在消费者心中的形象，提高其知名度。比如店铺常常借助“妇女节”、“儿童节”或者“教师节”等有特定消费人群的节假日，开展一系列的公益促销活动。

温馨提示

在多数时候，这些促销活动虽然只是针对某种类型的商品，或者举办一些和商品销售没有太多联系的公益活动、娱乐游戏活动，但顾客被活动吸引到店后，会全面地认识与感知店面的设计、清洁状况、服务等，从而影响到消费者对整个商店形象的认知。

◉目标3：促进商品的回转

商品是店铺的命脉，良好的商品回转，会带来良性循环。为促进商品回转，店铺也会借助一些换季节日如清明节，或五一、十一的黄金长假，开展相应的促销活动来推动商品的回转。

1．新商品上市的试用

“不怕货比货，就怕不识货”，新商品的推出，必须有消费者试用，才能树立商品在消费者心目中的地位，快速地进入市场。所以除广告外，可以利用假日促销的名义来鼓励消费者试用。

2．加速滞销品的销售

滞销品会让消费者对商品本身产生疑虑，长期下去可能对店铺产生不良的影响，因此借助节假日的优惠促销，可以加速滞销品的周转。

3．库存的清货

很多店铺都面临存货积压的状况，这时可以通过假日促销来降低库存，及时清理店内存货，加速资金运行。比如前面提到的促销案例：三八节打三八折，购物为您添“彩头”就是一个非常经典的库存清货促销。

◉目标4：对抗竞争对手

随着店铺数目的不断增加，店铺之间的竞争也日趋激烈，越来越多的经营者开始关注和把握每个能够利用的节假日，借助各种节假日促销来争取顾客。

可以说，激烈的市场竞争在某种程度上演变成了促销手段的竞争。

温馨提示

有人说，谁的促销活动力度大、效果好，谁就拥有更高的市场份额，谁就掌握了打败对手的决定权。因此，一项新奇、实惠、有效的节假日促销活动，会增强消费者对该店铺商品的购买愿望，从而打败竞争对手。

拟订促销计划8要点

根据你所设定的节假日促销目标，考虑促销费用并选择合适的促销媒介；同时，还要考虑气候节令的特点，从而选择合适的促销主题。只有这样，你所拟订的促销计划才能是正确、可执行的促销计划。

因此，在拟订节假日促销计划（如促销方案）时，促销策划人员必须注意以下几点：

1. 促销计划的内容必须是可执行的

不管是商品组合，还是互动式活动，或者是免费赠送，都必须锁定促销目标，并依照目标延伸出内容，才是有效的促销计划。

2. 促销内容必须符合促销时令的特点

促销内容在可执行的前提下，还必须能够配合节令，如春节期间应推出“春节礼品展”，情人节推出“情人节礼品”，而父亲节、母亲节，则以“男士用品展”、“化妆品大展销”为主推商品。同理，中秋节、端午节、儿童节等节假日也要推出符合节令特点的促销内容。

3. 促销商品的选择应考虑气候状况

长江以南地区四季不很明显，而北方的四季就非常明显，因此即便是同一个春节、圣诞节、儿童节或者清明节，其促销商品的选择也要有所不同。这就要求促销策划人员在拟订促销计划时，必须把气候对促销活动的影响也考虑进去。

4．主题诉求要能够打动消费者

配合节令特色和促销内容做“精彩”的主题诉求，能够产生“令人惊艳”的促销效果。比如“情人节”的主题诉求要能够把握“有情人”的心理状态，“父亲节”、“母亲节”则要定位于子女对父母的感恩与回报心理。

5．促销媒介需覆盖所有的目标消费群

一般来说，全区域性或大区域性的大型连锁店、独立店，往往选用全国性的广告媒体，如电视、报纸、网络等，而小区域型的独立店或小型连锁店，一般采用DM邮寄会员或派发促销宣传单、报纸夹页的方式即可。

6．费用预算要在促销主体能够接受的范围

一般来说，促销费用和促销业绩之间有一定的比例，所以在拟订促销计划时，必须先了解经费的多少，是否在店铺可以接受的范围之内，以便做最有效的规划。

7．促销结束后的效益评估

做完每一档活动，都应该评估其效益如何。如果花费了很多经费和人力物力，实际上却达不到预定的目标业绩，就必须寻找问题的症结所在，以便为以后的同类活动积累经验教训。

8．其他考虑因素

比如有关公平交易的法规，当季特殊商品、地方习俗、节假日约定俗成的各种习惯等，也是拟订节假日促销计划时必须考虑的因素。

促销计划的执行与检讨

在拟订好促销计划之后，就要及时通知各相关部门，以便开会研讨并实施计划。同时，促销活动结束后，还应对促销效果加以检讨，分析本次促销活动的成果，为以后的同类活动总结经验、吸取教训。

◉节假日促销执行4流程

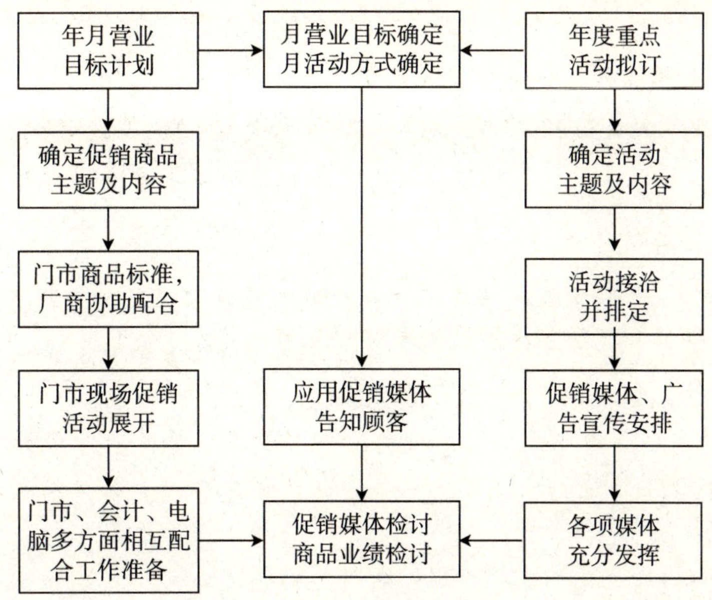

每个节假日促销活动开始时，企业都会提前制定一个执行流程，并要求各个部门在一定的期限内完成各自负责的工作，否则一旦延误活动开始的时间，将错过节假日的黄金时段，导致业绩无法爆量冲高。

1. 促销会议

促销活动开始前，营业、商品、促销、管理各部门的相关人员，需要针对本次促销内容进行相应的分工，并共同讨论本次促销的主体、诉求、促销时间、商品组合结构、广告媒体的运用、厂商的配合重点、SP 重点及一些必要的促销花招、预算分配……

比如：商品部要采购哪种分类的重点商品，促销部要采用哪种重点陈列方式，营业部要执行哪些重点计划，管理部要配合哪些后勤工作，要如何考查活动效果等。

2. 商品采购

开展一次促销活动前，除了一般的促销商品外，还需针对本次促销活动的主题，进行专门的商品采购活动。而且，若想促销更具效果，商品的价格定位也非常重要。因此，在进行商品采购时，若能将采购条件谈至最佳化，促销的成功率会大幅提升。

3. 促销陈列

在做节假日促销活动的陈列时，必须考虑明显度，并配合 POP，才能吸引顾客的注意力。一般而言，重点陈列方式有如下几种：

- 档头架陈列

“档头”（即货架的头、尾）在卖场本来就较明显，若利用其做准备箱或情境式的“档头”陈列，不但有利于顾客拿取商品，还能够引起顾客的注意，并延长其停放卖场的时间。

- 大量陈列或堆箱陈列

将促销商品集中在一定的区域内进行大批量的陈列，可以让顾客产生超低价的感觉，有利于提高此商品的促销业绩。

- 三角形定点陈列

将促销商品陈列于一个大排面的三角位置，可以在顾客走到这个大排面的通道时，引起他的关注，从而达到促进销售的目的。

- 花车陈列

将促销商品集中于花车或独立陈列台等特殊陈列区域，并配合 POP，会对促销业绩有所帮助。

4. 促销实施

促销前三天，促销执行人员必须确定所有 DM 商品会在促销前一天到达；促销前一天，必须将所有陈列物布置完成。

促销当日，除了不缺货、卖场陈列齐备、POP 不残损短缺，最重要的是要确认电脑价格与促销价格是否有误。否则，POP 的价格与电脑价格不符，会引发顾客的抱怨和投诉。

◉促销结束后的分析与检讨

通过对促销活动的分析与检讨，可以得知本次促销的不足和缺失，还可以让卖场营业人员知道工作重点的优先顺序，确保以后各项促销活动的质量，从而达到持续经营的目标。

一般情况下，对各种节假日促销活动的检讨分析，主要包含三个阶段：

1. 促销活动前检查的要点

- 促销日期是否恰当，促销时间是否适当。一般情况下，促销活动应安排在节庆、民俗顾客有多余时间出来购物的节假日或顾客必定要购物的季节，如换季、开学等时段。

- 活动方式是否太过繁杂，造成不必要的浪费或者给顾客带来不便，从而影响顾客参与的积极性。

- 促销商品在活动开始前是否已经准备妥当，商品陈列是否有不当或需要改进的地方，门店装饰、氛围布置是否完善。

- 促销媒体的运用，如传单、海报、条幅等是否准备妥当，现场POP是否制作完成。

- 促销商品的变价手续是否正确完善。如果变价手续不正确，在给店铺带来损失的同时，还会引发顾客的不满，损害店铺形象。

2. 促销过程中注意的要点

- 促销商品是否备足，是否须再续订货。因为促销商品大部分都会上宣传单，如果数量不足，会引发顾客抱怨，破坏店铺形象。

- 促销商品是否都张贴了POP，价格标识是否正确。

- 商品的陈列是否吸引顾客，需做哪些必要改动。

3. 促销结束后检讨的要点

- 过期的宣传单、海报、条幅、POP是否更换，商品是否全部恢复原价。

- 对商品销售业绩的检讨和利润多寡的分析，这是促销分析的重点。

- 价格线的分析，即了解顾客一般较能接受的价格在哪个地带，以供下次促销活动参考。

- 坪效的分析，即分析如何在有限空间创造最高的业绩利润，进而了解顾客对商品的接受程度。
- 促销活动开始前，对促销品数量的预估难免存在误差，因此在促销活动结束后，就必须尽快处理掉促销存货。

总之，只要有活动，活动结束后就一定要有检讨和分析，并且要能够纳善弃过。因为也唯有如此，店铺的经营活动才能一天比一天完善，一天比一天进步。

12 步撰写你的促销方案

在促销竞争日趋激烈的今天，一份系统而全面的促销活动方案是促销活动成功的保障。而且只有拥有一份有说服力和操作性强的活动方案，才能让公司支持你的方案，也才能确保方案得到完美的执行，使促销活动起到四两拨千金的效果。

一般来说，一份成功的促销方案应包含以下 12 个方面的内容：

◉内容 1：活动目的

对市场现状及活动目的进行阐述。市场现状如何？开展这次活动的目的是什么？是处理库存，是提升销量，是打击竞争对手，是新品上市，还是提升品牌认知度及美誉度？只有目的明确，才能使活动有的放矢。

◉内容 2：活动对象

活动针对的是目标市场的每一个人还是某一特定群体？活动控制在多大范围内？哪些人是促销的主要目标？哪些人是促销的次要目标？这些选择的正确与否会直接影响到促销的最终效果。

◉内容 3：活动主题

在这一部分，主要是解决两个问题：确定活动主题和包装活动主题。选择什么样的促销工具和什么样的促销主题，要考虑到活动的目标、竞争条件和环境及促销的费用预算和分配。

温馨提示

在确定了主题之后要尽可能艺术化地“扯虎皮做大旗”，淡化促销的商业目的，使活动更接近于消费者，更能打动消费者。这一部分是促销活动方案的核心部分，应该力求创新，使活动具有震撼力和排他性。

◉内容4：活动方式

- 确定伙伴：拉上政府做后盾，还是挂上媒体的名号？是厂家单独行动，还是和经销商联手？或是与其他厂家联合促销？和政府或媒体合作，有助于借势和造势；和经销商或其他厂家联合可整合资源，降低费用及风险。
- 确定刺激程度：促销要取得成功，必须使活动具有刺激力，能刺激目标对象参与。刺激程度越高，促进销售的反应越大，但这种刺激也存在边际效应。因此须根据促销实践进行分析和总结，并结合客观市场环境确定适当的刺激程度和相应的费用投入。

◉内容5：活动时间和地点

促销活动的时间和地点选择得当会事半功倍，选择不当则会费力不讨好。在时间上尽量让消费者有空闲参与，在地点上也要让消费者方便，而且事先要与城管、工商等部门沟通好。

温馨提示

促销活动持续多长时间效果最好也要深入分析。持续时间过短会导致在这一时间内无法实现重复购买，很多应获得的利益不能实现；持续时间过长，又会引起费用过高而且市场形成不了热度，并降低商品在顾客心目中的身价。

◉内容6：广告配合方式

一个成功的促销活动，需要全方位的广告配合。选择什么样的广告创意及表现手法，选择什么样的媒体炒作，这些都意味着不同的受众抵达率和费用投入。

◉内容7：前期准备

前期准备分三块，包括：

• 人员安排：要“人人有事做，事事有人管”，各个环节都考虑清楚，无空白点，也无交叉点，否则就会临阵出麻烦，顾此失彼。

• 物资准备：要事无巨细，大到车辆，小到螺丝钉，都要罗列出来，然后按单清点，确保万无一失，否则必然导致现场的忙乱。

• 方案实验：方案是在经验的基础上确定，因此有必要进行必要的试验来判断促销工具的选择是否正确，刺激程度是否合适，现有的途径是否理想。

◉内容8：中期操作

中期操作的主要内容是活动纪律和现场控制：

• 纪律是战斗力的保证，是方案得到完美执行的先决条件，在方案中应对参与活动人员各方面纪律作出细致的规定。

• 现场控制主要是把各个环节安排清楚，要做到忙而不乱，有条有理。同时，在实施过程中，应及时对促销范围、强度、额度和重点进行调整，保持对促销方案的控制。

◉内容9：后期延续

后期延续主要是媒体宣传的问题，对这次活动将采取何种方式，在哪些媒体进行后续宣传。脑白金在这方面是高手，即使一个不怎么样成功的促销活动也会在媒体上炒得盛况空前。

◉内容10：费用预算

没有利益就没有存在的意义，因此必须对促销活动的费用投入和产出比作出预算。当年爱多VCD的“阳光行动B计划”以失败告终的原因就在于没有在费用方面进行预算，直到活动开展后，才发现这个计划公司根本没有财力支撑。

◉内容11：意外防范

每次活动都有可能出现一些意外。比如政府部门的干预、消费者的投诉、甚至天气突变导致户外的促销活动无法继续进行等等。必须对各个可能出现的意外事件作必要的人力、物力、财力方面的准备。

◉内容 12：效果预估

预测这次活动会达到什么样的效果，以利于活动结束后与实际情况进行比较，从刺激程度、促销时机、促销媒体等各方面总结成功点和失败点。

当然，以上 12 个部分是促销活动方案的一个框架，在实际操作中，应大胆想象，小心求证，进行分析比较和优化组合，以实现最佳效益。

附：节假日促销年度计划表

节日名称	促销时间	促销主题	促销方式	促销商品	促销对象	广告宣传	费用预算	效果预估	备注
元旦									
春节									
情人节									
元宵节									
二月二									
三八妇女节									
消费者权益日									
清明节									
劳动节									
五四青年节									
母亲节									
六一儿童节									
端午节									
父亲节									
七夕——中国情人节									
中秋节									
教师节									
国庆节									
重阳节									
万圣节									
感恩节									
圣诞节									
周年纪念									
造节……									